# 九州の鉄道
## 国鉄・JR編【廃止路線】

写真：安田就視
解説：牧野和人

澄んだ空気の中に桜島がくっきりと姿を見せた。真夏の積雲を彷彿とさせるかのように高くなっていく噴煙は、西風に乗ってこちらまで飛んで来そうな勢いだ。大隅線の最終延伸区間は風光明媚な眺めとともに、常に活火山の脅威に晒されていた。
◎大隅線　大隅二川〜大隅境　1981（昭和56）年11月10日

# Contents

## 1章 九州北部

| | | |
|---|---|---|
| 1-1 | 芦屋線 | 12 |
| 1-2 | 漆生線 | 14 |
| 1-3 | 香月線 | 20 |
| 1-4 | 勝田線 | 30 |
| 1-5 | 上山田線 | 36 |
| 1-6 | 佐賀線 | 46 |
| 1-7 | 添田線 | 52 |
| 1-8 | 幸袋線 | 60 |
| 1-9 | 宮田線 | 64 |
| 1-10 | 室木線 | 74 |

※撮影者名を記載していない写真は、安田就視撮影。

日没間近になって太陽が昇開橋の真ん中に収まった。川面には赤味を強く帯びた陽光が滲む。昼間は旅客列車の運転本数が極端に少ない佐賀線だったが、夕刻にはおおむね1時間に1往復の頻度で列車が運転され、通勤通学の便を図っていた。◎佐賀線　筑後若津～諸富　1980(昭和55)年9月2日

| | | |
|---|---|---|
| 1-11 | 矢部線 | 80 |
| 1-12 | 柚木線 | 86 |
| 1-13 | 臼ノ浦線 | 88 |
| 1-14 | 世知原線 | 90 |
| 1-15 | 宮原線 | 92 |

# 2章 九州南部

| | | |
|---|---|---|
| 2-1 | 高千穂線 | 112 |
| 2-2 | 山野線 | 126 |
| 2-3 | 宮之城線 | 132 |
| 2-4 | 志布志線 | 140 |
| 2-5 | 妻線 | 146 |
| 2-6 | 大隅線 | 156 |

# まえがき

　明治の中期、九州鉄道が開業した博多駅～千歳川仮駅間の路線に端を発する九州の鉄道。それを皮切りに時の新鋭交通機関であった鉄道は、短い期間の内に島内へ路線網を拡げていった。その多くは筑豊地方を始めとした多くの地域にあった鉱山から産出される石炭を運ぶことを主な目的として建設された。富国強兵の号令の下、重要な燃料を確保すべく増産に次ぐ増産で栄華を極めた石炭産業。また、輸送手段である鉄道にも活気があった。

　人間の生活は短い期間の中で目まぐるしく変貌していく。第二次世界大戦後、急激に増えた自動車の燃料、そして日常に欠かせないものとなっていた電気施設等に関わるものとして石油が燃料、工業製品の原料として台頭してきた。すると石炭産業は衰退し、国内の工業所は多くが閉山を余儀なくされた。そして沿線に多くの炭鉱があった鉄道路線もまた、閑散とした空気に包まれるようになった。

　昭和30年代の末期より赤字に苦慮していた旧国鉄は、再建策の一つとして不採算路線の廃止を進めた。赤字83路線。特定地方交通線に指定された路線は廃止の運命を辿り、その執行は民営化後まで続いた。打上げ花火のように華やかな「さよなら」の式典が終わると、ある路線の跡は街に埋没し、山間部に敷かれていたレールは自然に帰した。本書では九州の廃止路線が生きていた頃の様子をまとめて紹介している。遠い日に想いを馳せていただくと共に、かつては機関車の汽笛がこだました彼の地を訪れてみるのもまた一興であると思う。

2019年10月　牧野和人

# 1章
# 九州北部

- 1-1 芦屋線
- 1-2 漆生線
- 1-3 香月線
- 1-4 勝田線
- 1-5 上山田線
- 1-6 佐賀線
- 1-7 添田線
- 1-8 幸袋線
- 1-9 宮田線
- 1-10 室木線
- 1-11 矢部線
- 1-12 柚木線
- 1-13 臼ノ浦線
- 1-14 世知原線
- 1-15 宮原線

太いボイラーに小振りな足回りを備えた老機関車が、推進運転で目の前をゆっくりと通り過ぎた。機関士は厳しい眼差しで進行方向を見つめる。北九州で活躍した9600形の多くは、点検用に運転台下の一部を切り取った仕様のものが多かった。
◎漆生線　漆生〜鴨生　1972（昭和47）年12月7日

# 勝田線と周辺【1965（昭和40）年】

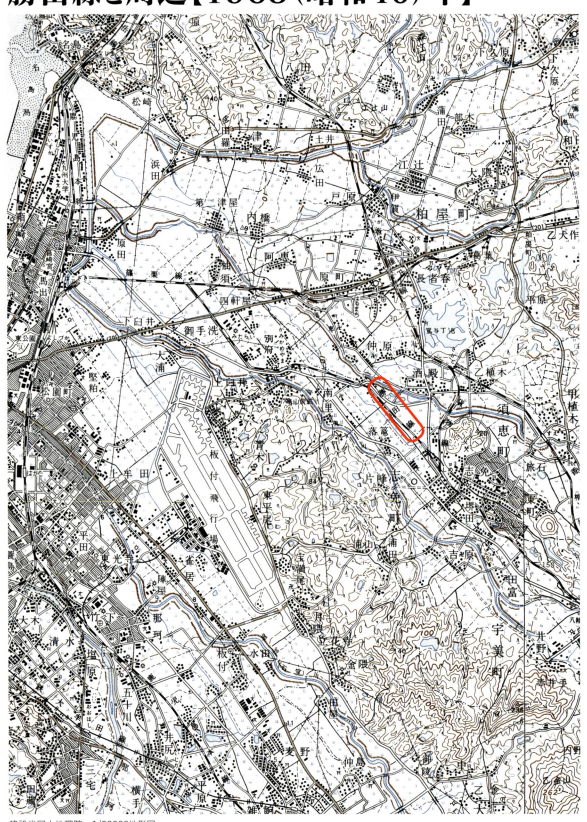

建設省国土地理院　1/50000地形図

# 幸袋線、上山田線、漆生線と周辺【1965(昭和40)年】

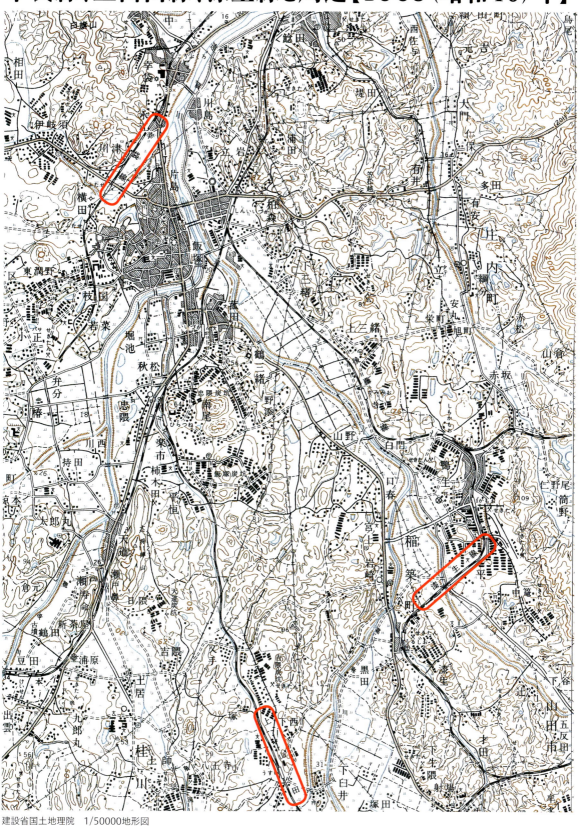

建設省国土地理院　1/50000地形図

# 添田線と周辺【1965(昭和40)年】

建設省国土地理院　1/50000地形図

# 臼ノ浦線と周辺【1965（昭和40）年】

建設省国土地理院　1/50000地形図

# 室木線、宮田線と周辺【1965（昭和40）年】

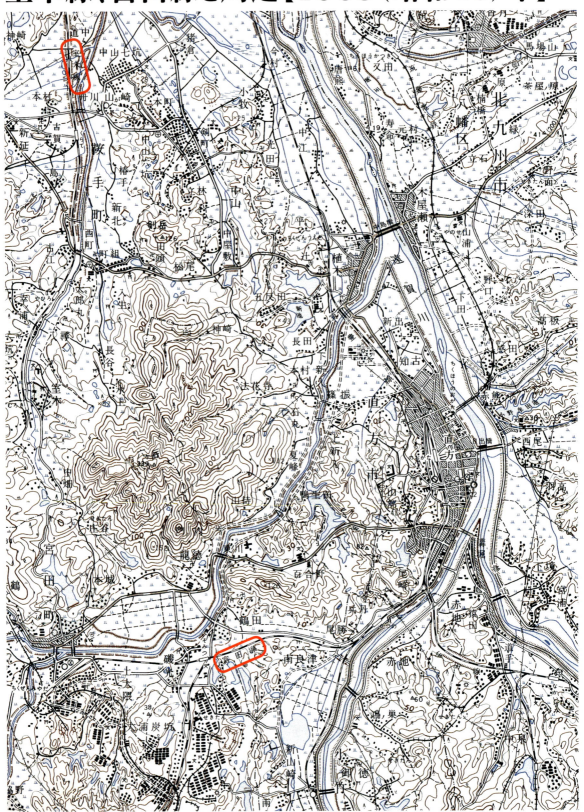

建設省国土地理院　1/50000地形図

# 矢部線と周辺【1965（昭和40）年】

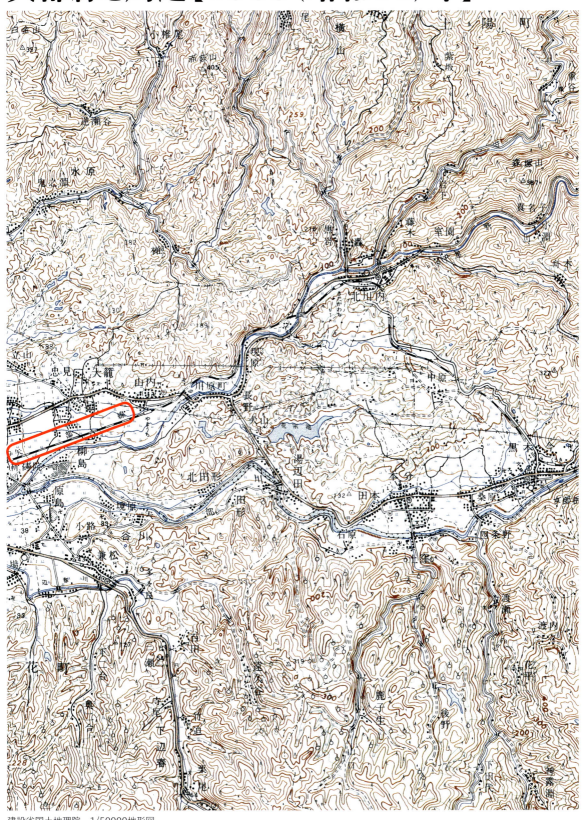

建設省国土地理院　1/50000地形図

# 1-1 芦屋線

あしやせん

## 短命に終わった米軍物資運搬路線

### 路線DATA
- 起点：遠賀川
- 終点：筑前芦屋
- 開業：1947（昭和22）年3月2日
- 廃止：1961（昭和36）年6月1日
- 路線距離：6.2km

　第二次世界大戦後に進駐軍が、福岡県遠賀郡芦屋町にあった旧陸軍芦屋飛行場を接収して米空軍芦屋基地とした。遠賀川の河口西岸付近にあった施設への物資輸送を目的として、鹿児島本線の遠賀川駅から鉄道が建設された。建設費用は旧・大蔵省の終戦処理費から拠出された。その経緯から1950（昭和25）年に路線は大蔵省の管轄となり、駅業務等は旧国鉄に委託されて一般旅客営業が開始された。

　列車は遠賀川駅で室木線のホームから発着していた。また、終点の筑前芦屋には、隣接する構内に筑前芦屋駅と芦屋乗降場という二つの乗降施設があった。筑前芦屋駅は基地外の施設、芦屋乗降場は駅舎が建つ基地内を指すといわれている。同時期には朝鮮戦争が勃発し、戦地に近い飛行基地の需要は高まっていた。その反面、路線の立地等から旅客列車を利用する人は少なかった。そのために芦屋基地が日本へ返還されるとともに路線は廃止された。国鉄の業務委託路線であったため、愛好家等の間では「国鉄路線ではない幻の鉄道」ともいわれる。

### 【駅一覧】
- ●遠賀川　　おんががわ
- ●筑前芦屋　ちくぜんあしや
- ●芦屋乗降場　あしやじょうこうじょう

アメリカ軍基地への物資輸送が主な目的であった芦屋線。その特異な立地から旅客列車の利用者は極僅かだった。列車には1両の旧型客車が用いられ、燃料輸送のタンク車等を連結した混合列車として運転された。若松機関区所属の8620が牽引した。◎芦屋線　1960（昭和35）年5月　提供：芦屋町歴史民俗資料館

1948(昭和23)年に米軍専用として開通した国鉄の芦屋線は、1950(昭和25)年2月10日に一般開放された。陸蒸気を模した自動車と、それと並んで仮装行列が沿線を練り歩いた。第二次世界大戦が終結してから5年を経て、占領軍の基地周辺にも日本人の日常生活が少しずつ戻ろうとしていた。◎芦屋線 芦屋 1950(昭和25)年2月10日 提供：芦屋町歴史民俗資料館

芦屋線筑前芦屋駅（駅員）
駅業務を旧国鉄に委託していた芦屋線。終点の筑前芦屋駅には、駅の規模にしては大人数の職員が配置されていた。構内に椅子を置いて記念撮影のひと時。小さい襟をデザインした4つボタン掛けの上着は、全盛期の日本国有鉄道を彷彿とさせる。◎芦屋線 筑前芦屋 提供：芦屋町歴史民俗資料館

芦屋線筑前芦屋駅（改札口）
子どもが遊ぶほのぼのとした風景を見ることもできた終点の筑前芦屋駅。通常の改札口には小さなラッチが一つあっただけだった。しかし、上屋の外側には木製のラッチが並んでいた。アメリカ軍が式典や演習等を行う際、多くの利用客があった場合に対応するための施設だったのだろうか。◎芦屋線 筑前芦屋 提供：芦屋町歴史民俗資料館

# 1-2 漆生線

うるしおせん

## 筑豊の横断路線を縦軸で結ぶ

### 路線DATA
- 起点：下鴨生
- 終点：下山田
- 開業：1913（大正2）年8月20日
- 全通：1966（昭和41）年3月10日
- 廃止：1986（昭和61）年4月1日
- 路線距離：7.9km

　筑豊地方で遠賀川の東畔に広がる漆生地区（現・福岡県嘉麻市）で産出される石炭の輸送を目的として建設された。大正期に漆生までの区間が筑豊本線の支線として開業。漆生〜下山田間は昭和40年代に延伸された。延伸区間の内、嘉穂信号場〜下山田間は上山田線と重複した。後藤寺線下鴨生から分岐した線路は遠賀川の支流である山田川を渡って漆生の市街地へ続いていた。漆生より先の延伸区間では里山の緑を抜けて東方へ向かう。終点の下山田では、再び山田川が駅の近くを流れていた。

　国鉄再建法等による不採算路線の廃止案が浮上した折には第1次特定地方交通線の対象となる予定だった。しかし、未だ経済成長期の途中にあった1970年代において、沿線での宅地開発等による人口増が見込まれたことから第2次特定地方交通線に指定された。それでも該当する31路線の中では最初に廃止された。

### 【駅一覧】
- ●下鴨生　しもかもお　………………………… 0.0km
- ●鴨生　かもお　………………………………… 1.2km
- ●漆生　うるしお　……………………………… 3.6km
- ●才田　さいだ　………………………………… 5.1km
- ●下山田　しもやまだ　………………………… 7.9km

駅の西側に建つ病院へ向かう通りが商店街になっていた鴨生。通りの入口付近には菓子店や時計店等が見える。駅が無くなって久しい現在では閉店や商売替えをした店舗があるようだ。そんな中で駅前に看板を掲げる家屋が見える畳店は今も健在な様子だ。
◎漆生線　鴨生　1981（昭和56）年12月11日

鴨生駅に入線する普通列車。キハ30に挟まれて当時の新鋭車両キハ47が編成の中程に収まっている。石炭輸送華やかりし時代には当駅より近隣の炭鉱へ延びる貨物支線がいくつもあった。しかし、路線の末期にはホーム1面1線の棒線駅になっていた。
◎漆生線　鴨生　1981（昭和56）年12月11日

石炭車が姿を消し、閑散路線となった漆生線を行く気動車列車。末期は朝夕を中心の運転ダイヤとなっていた。漆生以南は列車の空白時間帯が長く、下鴨生〜漆生間に日中1往復の区間列車があった。その内下り列車は筑豊本線の若松駅始発だった。
◎漆生線　鴨生〜漆生　1981（昭和56）年4月9日

貨物路線として建設された漆生線では、貨物用蒸気機関車の9600が客車列車も牽引した。化粧煙突を着け、除煙板を装備しない79652号機は大正生まれの矍鑠たるいで立ちだ。漆生駅は貨物支線の起点でもあった。写真の左手には機回し線から分岐して先へ続く線路が見える。◎漆生線　漆生　1962（昭和37）年1月22日　撮影：荻原二郎

1-2 漆生線

昭和40年代に入って漆生線が上山田線の下山田まで延伸開業した。それまでの終点であった漆生駅には路線の延伸を祝う装飾が施されていた。駅舎の出入り口付近に建つ門柱には漆生駅〜川崎駅との記載。これは漆生線の全通と同時に上山田線の上山田〜豊前川崎間が開業したことを意味している。◎漆生線　漆生　1966（昭和41）年3月11日　撮影：荻原二郎

キハ35等で編成された普通列車が漆生の街中を走る。眼下に続くのは石炭産業で栄えた街並。画面右手の丘の上にも区画整理された住宅街が広がる。当地では江戸時代より遠賀川からの水路建設等、灌漑事業が盛んであった。そのため沿線には溜池が散見される。
ｊ52◎漆生線　漆生〜鴨生　1981（昭和56）年11月12日

桜並木を横目に段丘の麓を駆けるキハ20の2両編成。漆生線の下鴨生〜漆生間は、沿線に点在していた炭鉱から産出される石炭の運搬を目的として明治期に建設された。背景となる丘の上には筑豊での石炭産業が衰退して久しい昭和50年代の撮影ながら、元炭住と思しき平屋建ての家並みが見える。◎漆生線　漆生〜鴨生　1981（昭和56）年4月8日

煙を高々と上げて駅に近づくのは9600形が牽引する石炭列車。貨物列車の運転頻度が高かった漆生線では蒸気機関車が主力であった時代から、信号機が機械仕掛けの腕木式から電気式に置き換えられていた場所が多かった。◎漆生線　漆生〜鴨生　1972（昭和47）年12月7日

# 1-3 香月線

かつきせん

## 短路線に3線区間が存在

### 路線DATA
- 起点：中間
- 終点：香月
- 開業：1908（明治41）年7月1日
- 廃止：1985（昭和60）年4月1日
- 路線距離：3.5km

　石炭輸送華やかりし時代には筑豊本線の貨物支線であった短い路線。明治末期に中間〜香月間が香月線として分離された。中間〜新手間の1.3km区間は大正期に旅客線1線と貨物線2線の3線形状となった。
　起点の中間から遠賀川を渡る筑豊本線から離れた線路は新手〜岩崎間で筑豊電気鉄道の線路を潜る。県道小倉中間線と共に南下して黒川、新延川を渡り探鉱施設が隣接する香月に至っていた。香月終点の香月から先では鞍手軽便鉄道（後の筑豊鉄道）が野面までの3.8km区間を営業していた。同鉄道は1954（昭和29）年に廃止された。筑豊電鉄筑豊香月駅へは旧・香月駅から西へ約1kmの距離だ。沿線には香月の他に炭鉱がいくつかあったが、廃坑後に宅地化が進み往時の面影を偲ぶ術もない。第1次特定地方交通線に指定され、鉄道の廃止後は路線バスに転換された。しかし、代替交通もその末期には1日2往復の運行であり廃止されて久しい。

### 【駅一覧】
- ●中間　なかま ……………………………………… 0.0km
- ●新手　あらて ……………………………………… 1.3km
- ●岩崎　いわさき …………………………………… 2.7km
- ●香月　かつき ……………………………………… 3.5km

香月駅を発車した88622号機。大正生まれの旅客用蒸気機関車8620形が客車列車を牽引する。本機は新津機関区・千葉機関区等を渡り歩き、昭和40年代半ばに九州へやって来た。若松機関区に所属し、香月線の無煙化が達成された1974（昭和49）年に火を落とした。
◎香月線　香月〜岩崎　1973（昭和48）年11月30日

沿線のほとんどは中間市郊外の住宅地だった香月線。岩崎駅付近では線路の北側に小さな丘があり木々が茂っていた。丘の上にある社や住宅街に向かって石積みの階段が設けられていた。また南側には黒川が流れ、駅の中間方に道路橋が架かっている。
◎香月線　新手〜岩崎　1981（昭和56）年4月8日

キハ30を先頭にした普通列車が桜花爛漫の小駅にやって来た。通勤型として登場した客室扉3つを備える気動車は、昭和50年代に入って山陰本線等で使用されていた車両が直方気動車区（現・直方車両センター）へ転入。筑豊本線の他、支線区の運用にも就いた。
◎香月線　岩崎　1981（昭和56）年4月8日

1-3 香月線

旅客列車の先頭に立つ38634号機。煙突はパイプ形状となり、ボイラー周りや煙室戸等は若干色あせた雰囲気で、運短路線で実用本位に酷使されている様子を窺い知ることができる。香月線では1974(昭和49)年1月まで蒸気機関車を使用した。◎香月線　香月　1959(昭和34)年6月7日　撮影：荻原二郎

岩崎駅付近では黒川を2回渡る。初冬を告げる寒気の中、蒸気機関車が白煙をたなびかせた。オハ35等の旧型客車が後ろに続く。旧国鉄車両で標準色の一つだったブドウ色に塗られた車両の中程にはホーロー製の行先表示板が掲げられている。
◎香月線　岩崎～香月　1972（昭和47）年12月7日

日中には運転間隔が1～3時間も空いた香月線。それでも列車の発車時間が近くなるとホームには結構な数の利用客が集まって来た。北九州市八幡西区で要所の一つである折尾の郊外に位置する路線は、貨物の廃止後も旅客需要を見込むことができたはずだったが…。
◎香月線　岩崎　1981（昭和56）年4月8日

旧型客車で編成された列車が黒川を渡って行った。朝の通勤通学客に便宜を図り設定されていたこの列車は、日曜休日も同様の車両、時刻で運転していた。画面の手前を横切る道路は県道小倉中間線。中間市内から香月まで線路とほぼ並行する。撮影当日は平日にも関わらずこちらも閑散としていた。◎香月線　香月〜岩崎　1981（昭和56）年4月8日

並行する県道は工事中の様子で、線路は黒川の土手下に延びているように見える。本線に沿って一面のみのホームが設置されていた岩崎駅。急曲線を描くホームと車両の間が大きく空いている部分が見られる。また機関車の停車位置表示は、ホームを外れた所に設置されていた。◎香月線　岩崎　1981（昭和56）年4月8日

数少ない列車の内、半数以上は筑豊本線の起点駅である若松を始発終点としていた。乗降客が多い本線区間を走ることもあってか、閑散路線としては比較的長編成の列車が登場する機会が多かった。終点近くで小川を渡る気動車は5両編成。当時の新鋭車両であったキハ47が先頭を務める。◎香月線　岩崎〜香月　1981（昭和56）年4月7日

通勤列車が終点香月駅に到着した。当駅は北九州市八幡西区にあったものの、地域の中心駅であった小倉へ行くには香月線と筑豊本線を利用して中間市、遠賀郡水巻町を経由しなければならず、運賃計算で優遇措置を受ける特定都市市内の駅には入っていなかった。
◎香月線　香月　1973（昭和48）年11月30

中間方面へ向かう上り列車は機関車が前向きで運転した。朝に設定されていた3本の客車列車は中間、折尾、若松とそれぞれが異なる行先になっていた。現在は宅地化が進んだ沿線だが、石炭産業の衰退後しばらくは荒涼とした雰囲気が漂っていた。
◎香月線　岩崎〜新手　1973（昭和48）年12月7日

香月線の末期には朝の時間帯のみ客車列車が設定されていた。北九州の夜明けは遅く、西の空はまだ藍色で閉ざされている。頼り無げな蛍光灯が照らし出す構内では、ディーゼル機関車から立ち上る排気と客車から漏れる灯りが幻想的な雰囲気を醸し出していた。
◎香月線　香月　1981（昭和56）年4月8日

駅舎から若干離れた岩崎方に1面の乗降ホームがあった香月駅。たくさんの通学生が折り返しの上り列車へ向かう中、列車を牽引してきた8620形が機回しを行っていた。終点駅に転車台等、機関車の向きを変える施設は無かった。
◎香月線　香月　1973（昭和48）年11月30日

1-3 香月線

# 1-4 勝田線

かつたせん

## 姿を消した福岡市の近郊路線

**路線DATA**
起点：吉塚
終点：筑前勝田
開業：1918（大正7）年9月19日
廃止：1985（昭和60）年4月1日
路線距離：13.8km

　粕谷炭田から産出される石炭輸送を目的として建設された。開業の翌年には旅客輸送が始まり、途中の宇美駅が宇美八幡宮の最寄り駅となって参詣路線としての性格も帯びるようになった。

　線路は吉塚からは現在の篠栗線と同様の経路で東へ延びていた。柚須駅を過ぎて篠栗線と離れ、県道福岡太宰府線の北側市街地を行く。宇美駅は香椎線の終点である同名の駅と西に100mほど離れた位置にあった。応神天皇、神功皇后等が祀られる宇美八幡宮へは約500mの距離である。さらに井野川沿いに南側の山間部へ進み筑前勝田に到着する。

　付近は炭鉱が閉山した後に福岡市近郊の住宅地として開発が進められ、沿線人口は増加傾向にあった。しかし旧国鉄は昭和50年代に入って平日6往復の運転となっていた旅客列車に増便等の対策を行わず、第1次特定地方交通線に指定されたまま全線が廃止となった。

【駅一覧】
- 吉塚　よしづか……………………………… 0.0km
- 御手洗　みたらい…………………………… 3.4km
- 上亀山　かみかめやま……………………… 4.5km
- 志免　しめ…………………………………… 7.3km
- 下宇美　しもうみ…………………………… 10.2km
- 宇美　うみ…………………………………… 11.0km
- 筑前勝田　ちくぜんかつた………………… 13.8km

北九州の冬は思いの外寒さ厳しく、積雪に見舞われることもある。旅客列車が出入りするホーム側の線路は道床周りの雪が解け始めたようだが、構内はレール面だけが顔を覗かせて未だ雪原の様相を呈している。ホームは乗降客に踏み固められた雪で滑り易そう。構内に迷い込んだ犬が注意深げにこちらへ歩いてきた。◎勝田線　筑前勝田　1962（昭和37）年1月20日　撮影：荻原二郎

旧型客車で仕立てられた旅客列車がDE10に牽引されて畑作地を行く。遠くの山麓に霞みが掛かるのは朝の風景か。車両に新旧の移り変わりはあるものの、当地で綿々と続けられてきた鉄道情景である。勝田線では営業末期まで朝夕の列車に客車が充当されていた。
◎勝田線　下宇美～志免　1981(昭和56)年4月8日

4月に入っても晴れ渡った日の早朝は寒く、駅前は霜が降りて白くなっていた。窓枠までが木製の古びた駅舎に旧型客車が良く似合う。しかし蛍光灯に浮かび上がる建物の中にはバー一人掛け用のバスケットタイプになったプラスティック製の椅子が見え、僅かながら施設が更新されている様を窺い知ることができる。◎勝田線　筑前勝田　1981(昭和56)年4月7日

31

朝のホームを列車から漏れる蒸気が覆った。旧型客車が主流だった時代には、車内に引き通した管へ機関車から蒸気を送り込む暖房方式が一般的だった。蒸気機関車では動力となる蒸気の一部を暖房に使用していたが、電気機関車、ディーゼル機関車では蒸気発生装置を搭載しているものがあった。◎勝田線　筑前勝田　1981（昭和56）年4月7日

終着駅に到着した列車は折り返し運転に備えて、牽引して来た機関車を逆方向に連結する。機回し線へ入った機関車の前照灯は眩いばかりに明るく、薄暗い駅構内を煌々と照らし出した。2条のレールは列車が通る度に磨かれる車輪との接地面を光跡のように輝かせる。
◎勝田線　筑前勝田　1981（昭和56）年4月7日

## 1-4 勝田線

さようなら勝田線のヘッドマークを付けた気動車。起点の吉塚駅は博多駅の隣であり福岡のベッドタウン、あるいは沿線に工場もあり、国鉄がきちんとした策を講じていれば十分生き残れたのではないかと思われる路線である。◎勝田線　提供：志免町教育委員会

吉塚から山陽新幹線の高架をくぐり抜け篠栗線が左に分かれ市街地の切れるあたりに位置するのが御手洗駅である。◎勝田線　提供：志免町教育委員会

志免駅には「さようなら勝田線」の看板が掲げられていた。当駅もかつては構内に石炭車が並んでいた。また、トヨタの新車置場にも利用され、晩年まで鉄道による車の輸送も行われていた。◎勝田線　提供：志免町教育委員会

33

1-4 勝田線

石炭殻を積み上げてできたボタ山が近くにそびえていた。朽ちかけた古枕木で組まれた柵が炭鉱の錆びれた雰囲気を漂わせる。駅前では子ども達が地面に線を描きゲームに興じていた。身に着けている衣服が時代を感じさせる。◎勝田線　筑前勝田　1973（昭和48）年11月28日

# 1-5 上山田線
かみやまだせん

## 新線構想を担った山間区間

**路線DATA**

起点：飯塚
終点：豊前川崎
開業：1895（明治28）年4月5日
全通：1966（昭和41）年3月10日
廃止：1988（昭和63）年9月1日
路線距離：25.9km

　飯塚～上山田間は筑豊鉄道、九州鉄道が筑豊地方南部に建設した運炭路線である。一方、上山田～豊前川崎間は旧・漆生線（既廃止）漆生と旧・田川線（現・平成筑豊鉄道田川線）油須原を結ぶ計画であった油須原線の一部として建設された。

　飯塚から碇川沿いに南下する線路は臼井駅付近より進行方向を東へ取り、遠賀川を渡って県道下山田碇井線とともに下山田を目指す。炭鉱で栄えた下山田、上山田を過ぎ、摺鉢山中を越える勾配区間へ。熊ケ畑～真崎間には熊ケ畑トンネルが控える。山の東麓へ出て安宅川沿いに豊前川崎に至る。起点の飯塚、終点の豊前川崎はいずれも現有路線の駅として存続している。

　筑豊でも人口が少ない南側の山間部を通っていた路線であり、石炭産業の衰退後は営業係数で常に下位へ位置付けられていた。第2次特定地方交通線に指定された後も沿線自治体等からは第三セクター化等、鉄道存続の意向が上がった。しかし路線が九州旅客鉄道へ移管された後に全区間が廃止された。

### 【駅一覧】

| 駅名 | 読み | 距離 |
|---|---|---|
| ●飯塚 | いいづか | 0.0km |
| ●平恒 | ひらつね | 1.5km |
| ●臼井 | うすい | 7.0km |
| ●大隈 | おおくま | 9.6km |
| ●下山田 | しもやまだ | 12.4km |
| ●上山田 | かみやまだ | 14.4km |
| ●熊ケ畑 | くまがはた | 17.4km |
| ●真崎 | まさき | 22.1km |
| ●東川崎 | ひがしかわさき | 23.7km |
| ●豊前川崎 | ぶぜんかわさき | 25.9km |

朝の上山田線には2往復の客車列車が設定されていた。そのうちの1往復は筑豊本線へ乗り入れて新飯塚駅を始発終点としていた。旧型客車を用いていた列車は昭和50年代に入って新製の50系に置き換えられた。コスモスの咲くホームで扉を開けて乗客を待つひと時。
◎上山田線　上山田　1982（昭和57）年10月3日

D60形が先頭に立つ客車列車上山田駅を発車した。まだ夜が明け切らない時間帯の運転なのか運転台には明かりが灯っていた。飯塚～上山田間の列車は上山田に機関車を転向する施設が無いため、機関車が逆向きで下り列車を牽引。飯塚へ向かう上り列車で機関車が前向きになった。◎上山田線　上山田　1972（昭和47）年12月8日

線路の両脇に腕木式信号機が建つ大隈駅に入線する通勤型気動車。当駅は上山田線と漆生線が分岐する嘉穂信号場の最寄りだった。両施設間の距離は1.1㎞。しかし漆生線の列車は下山田方面との間を行き交うものばかりで、通常は大隈駅へやって来るものはなかった。
◎上山田線　大隈　1981（昭和56）年12月10日

昭和30年代まで、閑散路線では個性的な半円形の運転室を備えるキハ07の姿を見ることができた。キハ07 21は第二次世界大戦前に製造された0番台車。エンジンは新製時のガソリン機関からディーゼル機関に換装されている。飯塚〜上山田間の区間運用に就く。
◎上山田線　飯塚　1962（昭和37）年1月22日　撮影：荻原二郎

1-5 上山田線

## 1-5 上山田線

飯塚市の郊外部に当たる丘陵地を普通列車が駆け抜けて行った。中間車キハ58の乗務員扉が開いているのは旧国鉄時代らしいおおらかさと見て取れようか。背後には2つのボタ山がそびえ、付近がかつて石炭産業で栄えたことを物語っていた。◎上山田線　臼井～平恒　1981（昭和56）年12月11日

遠賀川流域の平野部と山田川の谷筋を隔てる丘陵を上山田線は横断していた。キハ55とキハ58、2両編成の普通列車が勾配区間で紫煙を燻らせた。下山田寄りには嘉穂信号場があり、漆生線の列車が下山田方面へ乗り入れていた。◎上山田線　下山田～大隈　1981（昭和56）年12月10日

1-5 上山田線

大隈は明治期に筑豊本線であった区間にある駅。駅員配置の直営駅で漆生線と分岐する嘉穂信号場を管轄していた。国道211号と県道下山田城井線の交差点付近にあった構内は現在、公園になっている。画面を飾る桜並木は今も健在だ。
◎上山田線　大隈　1981(昭和56)年4月8日

多くの貨物列車が出入りし、広々とした構内を持っていた飯塚駅。背後にはボタ山がいくつもそびえ、石炭産業が最後の活況を呈していた様子を測り知ることができる。上山田線のホームにC11が単機で佇んでいた。貨車を仕分ける入替作業の途中だろうか。◎上山田線　飯塚　1969（昭和44）年5月　提供：川崎町（撮影：宇都宮照信）

飯塚駅に停車するD60重連の石炭列車。前補機を務める25号機は筑豊本線を中心に1972（昭和47）年まで活躍。本務機の31号機は1971年に旧国鉄が鉄道百年行事の一環として制作した映画「蒸気機関車-その百年」に出演すべく京都の梅小路機関区へ貸し出された。◎上山田線　飯塚　1970（昭和45）年8月9日　提供：川崎町（撮影：宇都宮照信）

運転席の下に惜別のヘッドマークを掲げた上山田線最終日の最終列車。最後まで安全運行の確保に務めるべく、運転台には複数の職員が乗っていた。晩夏の夜は未だ蒸し暑く、客室窓の多くは開いている。それでも薄暗い駅に最後の別れを惜しむ人達が集まっていた。◎上山田線　1988（昭和63）年8月31日　提供：川崎町（撮影：宇都宮照信）

## 1-5 上山田線

大隈駅の側線に停車する上山田線の「さよなら列車」。筑豊の鉄道を象徴する存在だった石炭列車はすでに運転を取り止め、貨物列車も1980 (昭和55) 年に廃止されていた。しかし、有終の美を飾るべく、往時の雰囲気を再現した混合列車が現役の車両で仕立てられた。◎上山田線　大隈　1988 (昭和63) 年8月31日　提供：川崎町 (撮影：宇都宮照信)

上山田から豊前川崎までの区間は油須原線構想の下で昭和40年代に入って開業した。上山田を境に列車運用は分かれており、豊前川崎方面へ行き来する列車は隣駅の下山田を経て漆生線に入っていた。上山田からは下鴨生、飯塚と異なる駅を経由していずれも新飯塚行きとなる列車があった。◎上山田線　上山田　提供：川崎町

飯塚〜上山田間には晩年まで客車列車が残っていた。旧型客車に取って代わった50系客車は、長年に亘って使い込まれてきたと思しき雰囲気を醸し出す行先表示板を掲げている。列車は飯塚を始発終点とするものの他、列車番号を変えて門司港を始発とするものや、新飯塚とを結ぶ便があった。◎上山田線　上山田　提供：川崎町

# 1-6 佐賀線

さがせん

## 筑後川を可動橋で渡る

### 路線DATA
起点：佐賀
終点：瀬高
開業：1931（昭和6）年9月24日
全通：1935（昭和10）年5月25日
廃止：1987（昭和62）年3月28日
路線距離：24.1km

　大正期に制定された改正鉄道敷設法第113条にある佐賀県の県庁所在地佐賀市と大分県豊後森を福岡県、熊本県下を経由して結ぶ予定線の一部として建設された。同路線の建設に伴い一部経路が重複する矢部川～柳河間で営業していた柳河軌道は、廃止補償を受けて1932（昭和7）年に廃止された。
　県庁所在地佐賀市の南部を進む線路は諸富を過ぎて九州随一の大河である筑後川に差し掛かる。一部分が昇開橋となった橋梁を渡り福岡県下へ。次駅の筑後若津～筑後大川間に掛かる橋梁も跳ね上げ式の可動橋だった。筑後柳河は水郷の街柳川の北部にあった。西鉄天神大牟田線を潜り柳川市内を横断。矢部川を渡り終点瀬高で鹿児島本線と合流する。
　大河が隔てる佐賀、福岡県を結ぶ利便性の高い路線だったが並行する道路の整備、自動車の台頭から利用客は高度経済成長期より減少し、第2次特定地方交通線に指定されて全線が廃止された。昼間に運転される旅客列車は、末期には2往復となっていた。筑後川橋梁は国指定重要文化財として現在も姿を留める。

### 【駅一覧】
| | | |
|---|---|---|
| ●佐賀 | さが | 0.0km |
| ●東佐賀 | ひがしさが | 2.3km |
| ●南佐賀 | みなみさが | 4.0km |
| ●光法 | みつのり | 5.5km |
| ●諸富 | もろとみ | 7.8km |
| ●筑後若津 | ちくごわかつ | 9.3km |
| ●筑後大川 | ちくごおおかわ | 10.1km |
| ●東大川 | ひがしおおかわ | 12.6km |
| ●筑後柳河 | ちくごやながわ | 15.5km |
| ●百町 | ひゃくちょう | 18.8km |
| ●三橋 | みつはし | 20.1km |
| ●瀬高 | せたか | 24.1km |

水郷地帯として有名な柳川市内には網の目のように流れる小川や水路が数多くあり、鉄道は短い橋梁でそれらを跨いでいた。太めのボイラーと小振りな足回りの組み合わせで鈍重に見える9600は橋梁を恐る恐る渡っているよう。岸辺では柳がしなやかな枝を気持ち良さそうに揺らしていた。◎佐賀線　筑後柳河～東大川　1972（昭和47）年12月8日

諸富駅を発車した上り列車は、水郷地帯を通り抜けて佐賀市街地へ足を進める。タンク車を連ねた貨物列車の先頭に立つのは49663号機。西唐津機関区の所属だった。当時は路線の起点である佐賀に車両基地が無く、佐賀線の列車は唐津線等で使用される機関車が牽引した。
◎佐賀線　諸富〜光方　1972(昭和47)年12月7日

廃止された佐賀線のサボ。鹿児島本線と長崎本線を短絡する目的で建設された佐賀線には急行「ちくご」も運転されていた。◎佐賀線　1962(昭和37)年1月19日　撮影：荻原二郎

1-6 佐賀線

昇開橋を渡るキハ58等で編成された列車は急行「ちくご」。前から3両目にグリーン車キロ28を連結している。熊本〜長崎間を佐賀線経由で運転する準急として1961（昭和36）年に登場した。1966（昭和41）年に急行へ昇格し、1980（昭和55）年まで運転された。
◎佐賀線　筑後若津〜諸富　1980（昭和55）年9月2日

廃止対象路線に挙がった佐賀線だったが、末期には当時の新系列車両であったキハ47等が入線していた。当路線を担当する車両基地だった東唐津気動車区（現・唐津車両センター）には、山陰本線東部の電化で余剰となったキハ40、47等が転属していた。◎佐賀線 筑後若津〜諸富 1980（昭和55）年9月2日

## 1-6 佐賀線

きれいに晴れ上がった朝、昇開橋を渡って9600形牽引の貨物列車が佐賀へ向かう。2軸貨車が5両ばかりの短編成は、先頭に立つ中振りな機関車を大きく見せた。橋上は平坦で機関車が煙を上げる様子を見る機会は少なかった。しかしこの時は冷えた空気の中、汽笛と共に水蒸気の帯が流れた。
◎佐賀線　筑後若津〜諸富
1972(昭和47)年12月8日

# 1-7 添田線

そえだせん

## 北九州縦断路線から分かれた閑散区間

**路線DATA**

起点：香春
終点：添田
開業：1915（大正4）年4月1日
廃止：1985（昭和60）年4月1日
路線距離：12.1km

　小倉鉄道が沿線で産出する石灰、石炭の輸送を目的として建設した路線。第二次世界大戦下で開業時に当初の開業区間である東小倉～添田間が国に買収され添田線となった。1956（昭和31）年に添田線と田川線の添田～彦山間、彦山線を統合して東小倉～大任～夜明間を日田（現・日田彦山）線とした。さらに1960（昭和35）年に香春～大任～添田間を日田線から分離して二代目の添田線が誕生した。路線の成り立ちから起点、終点はいずれも現存する日田彦山線の駅だった。

　石灰石が産出する香春岳の麓にある香春駅より線路は南へ延びる。筑豊地方の東部を縦断する彦山川に沿って進み、平野の東端部に位置する町今任、大任を経由して炭鉱で栄えた添田に着く。

　日田線から分離された区間は輸送の主要経路から外れた。元来、沿線人口が少ない地域で営業係数は北海道の閑散路線と常に最下位を争うまでに落ち込んでいた。1978（昭和53）年度は最下位に甘んじた。大任では油須原線と連絡する予定であったが同路線の建設が凍結されて実現には至らず、第1次特定地方交通線に指定されて全線廃止となった。

**【駅一覧】**

● 香春　　かわら　　　　　　　　　　0.0km
● 上伊田　かみいた　　　　　　　　　2.5km
● 今任　　いまとう　　　　　　　　　4.6km
● 大任　　おおとう　　　　　　　　　8.0km
● 伊原　　いばる　　　　　　　　　 10.4km
● 添田　　そえだ　　　　　　　　　 12.1km

菜の花が咲く沿線は里山の風情。かつては石炭を満載した貨物列車が行き交っていた活気は微塵も感じさせない。それでも遠くには歪な三角形の稜線を広げる小山が見え、草木もまばらな様子が石炭の殻が積みあげられて出来たものであることを無言のうちに伝える。運炭路線添田線末期の姿だ。◎添田線　伊原～大任　1981（昭和56）年4月9日

雨の日の大任駅、女子学生らが列車に向かって駆けている。ホーム内の看板には通勤通学の足を守ろう、ローカル線廃止反対と書かれてあった。当駅は柚須原線との接続駅になる予定であったが、柚須原線は未成線のまま建設凍結となり大任駅も添田線廃止とともに1985（昭和60）年に廃止されてしまった。◎添田線　大任　1981（昭和56）年4月9日

添田線は北海道の美幸線、深名線、白糠線などと並ぶ赤字路線の代表格であった。ローカル線の廃止は比較的盲腸線が多いが添田線は起点の香春駅、終点の添田駅とも日田彦山線と接続しており廃止線としては稀有な例であった。
◎添田線　大任～今任　1981（昭和56）年4月9日

香春は石灰石の積み出し基地として賑わった駅。昭和40年代に入って設定された急行「日田」「あさぎり」等が停車した日田彦山線の要所だった。また大任を経由して添田へ向かう添田線の起点でもあった。駅舎に接した乗り場にC11が先頭に立つ短い編成の客車列車が停まっていた。
◎添田線　香春　1961(昭和36)年7月9日　撮影：荻原二郎

1-7 添田線

大任付近を快走する添田線の2両編成気動車。右側の線路は建設予定の柚須原線であり、計画では田川線（現・平成筑豊鉄道田川線）柚須原から大任を経由して豊前川崎へ結ぶはずだった。◎1985（昭和60）年3月　提供：大任町（撮影：帆足昌平）

1-7 添田線

大任駅のホーム風景。当駅は添田線の中心駅であり、廃止まで有人駅であった。◎1985（昭和60）年3月　提供：大任町（撮影：帆足昌平）

駅名が上添田であった大正期の添田駅周辺。画面中央で大きな曲線を描く線路が日田彦山線。その手前を横切る線路が添田線である。駅舎は小ぢんまりとしており、周辺には民家と思しき建物が見られるばかりだが、日田彦山線の近くには高い煙突が建つ大規模な工場がある。◎添田線　上添田（現・添田）　1922（大正11）年頃
提供：添田町

## 1-7 添田線

北九州の旧・国鉄路線では比較的早く歴史に幕を下ろした添田線。末期には全国で一二を争う超赤字路線だった。最終日には定期列車に大型のヘッドマークが掲出された。列車を出迎える人で賑わうホームにも惜別の看板が掛かる。「長い間ありがとうございました」との記載が寂しさを募らせた。添田線　添田　1985（昭和60）年3月31日
提供：添田町

# 1-8 幸袋線

こうぶくろせん

## 飯塚市西部の運炭路線

**路線DATA**
起点：小竹
終点：二瀬
開業：1894（明治27）年12月28日
廃止：1969（昭和44）年12月8日
路線距離：7.6km

　直方、飯塚を結ぶ地域の幹線である筑豊本線から見て、遠賀川対岸に点在する炭鉱からの石炭輸送を目的として建設された。筑豊鉄道が建設、後に筑豊鉄道は九州鉄道と合併した。また九州鉄道は鉄道国有法の下で国に買収され、本路線は官設鉄道になった。
　小竹駅から筑豊本線と並行して南下する線路は、本線が遠賀川を渡る手前で西南方へ舵を切る。川岸近くには目尾（しゃかのお）駅があった。国道200号とともに飯塚市内を進み、九州工業大学が建つ森影を伝って国道201号を越える。遠賀川へ注ぐ建花寺川（けんげいじがわ）を渡ると終点の二瀬（ふたせ）へ着く。旅客扱いを行う路線の他に二瀬、目尾、川津信号場からは貨物支線が延びていた。
　幸袋線は1968（昭和43）年に当時の国鉄諮問委員会より著しい不採算路線として報告された83線に入れられた。路線がある飯塚市は線路が市内の動線を妨げる一因になっているとして廃止について強くは反対せず、赤字路線に選定された翌年に存続していた貨物支線を含む全線が廃止された。末期には旅客列車が1日4往復運転されていた。

【駅一覧】
- 小竹　こたけ　……………………………… 0.0km
- 目尾　しゃかのお　………………………… 2.2km
- 幸袋　こうぶくろ　………………………… 4.9km
- 新二瀬　しんふたせ　……………………… 6.9km
- 二瀬　ふたせ　……………………………… 7.6km

幸袋線内にあった中間駅の中で貨物輸送の拠点となっていた幸袋駅。筑豊鉄道が明治期に小竹〜幸袋間を開業し、後に幸袋線となる区間で最初に終点とした駅だった。近隣の炭鉱に向けて3本の貨物線が開業時から昭和初期にかけて建設された。
◎幸袋線　幸袋　1962（昭和37）年1月22日　撮影：荻原二郎

白壁の木造駅舎が建つ二瀬駅。幸袋線が国有化された後に貨物線の延伸区間で終点として開業した。開業時の駅名は潤野で1913（大正2）年11月25日に二瀬駅と改称。同時に幸袋〜当駅間は旅客営業を開始した。昭和30年代に入ると旅客列車には小型のキハ02が充当された。
◎幸袋線　二瀬　1962（昭和37）年1月22日　撮影：荻原二郎

幸袋線は筑豊地区に張り巡らされていた石炭輸送鉄道のひとつで筑豊本線の小竹から二瀬に伸びていた。朝夕の4往復だけであったが、旅客列車も運行されていた。炭鉱の閉山で赤字が拡大され1969（昭和44）年秋に廃止された。◎幸袋線　目尾〜幸袋　1969（昭和44）年10月　提供：朝日新聞社

1-8 幸袋線

# 1-9 宮田線

みやだせん

## 貝島炭鉱との連絡路線

### 路線DATA
起点：勝野
終点：筑前宮田
開業：1902（明治35）年2月19日
廃止：1989（平成元）年12月23日
路線距離：5.3km

　筑豊地方に数多くあった炭鉱の内、末期まで石炭の産出を行っていた貝島炭鉱からの貨物輸送を目的として九州鉄道が建設した。開業当初は貨物専用鉄道だった。九州鉄道が国に買収された後は筑豊本線の貨物支線とされた。しかし1912（大正元）年に勝野〜桐野間を桐野線として旅客営業を開始。1937（昭和12）年には桐野駅を筑前宮田駅に改称し、同時に路線名を宮田線とした。

　筑豊本線の要所である直方の隣駅勝野から線路は西へ延びる。旅客扱い区間中唯一の途中駅である磯光は福岡県鞍手郡宮田町（現・宮若市）内にあった。当駅から貝島炭鉱専用線と貨物の授受を行う菅牟田まで2.2kmの貨物支線が延びていた。犬鳴川とともに市街地へ進むと、現在は地域の主要道が交わる川の南岸近くに終点筑前勝田駅があった。当駅でも貝島炭鉱専用線と貨物列車が連絡していた。

　末期には1日に下り10本、上り11本の旅客列車を運転していた。それらの中には直方発着、折尾発の便が含まれていた。旧・国鉄の分割民営化直前、第3次特定地方交通線に指定され、九州旅客鉄道へ継承された。しかし、民営化からおよそ2年後に全路線が廃止され路線バスに転換された。JR九州バス、西鉄が運行していたバスも今はない。

### 【駅一覧】
- 勝野　かつの　　　　　　　　　　　　　　　　0.0km
- 磯光　いそみつ　　　　　　　　　　　　　　　2.6km
- 筑前宮田　ちくぜんみやだ　　　　　　　　　　5.3km

雨の勝野駅で宮田線の列車が客室扉を開いて客待ちの様子だ。当路線で昼間に運転する列車の多くは直方直通で、当駅始発終点の列車は早朝、夕刻、夜間に限られた。中線のある隣のホームは筑豊本線。画面の奥には二階建ての信号扱い所がある。
◎宮田線　勝野　1979（昭和54）年3月

筑前宮田へ向かう列車は、機関車を後ろ向きにして運転していた。2軸の石炭車に続くのは無蓋車ばかりで、石炭輸送の終焉が近いことを暗示するかのような眺めだった。背景には鞍手町との間にそびえる六ケ岳の稜線が望まれる。
◎宮田線　勝野〜磯光　1972（昭和47）年12月6日

線路の至近で水を湛える溜池に影を落として2両編成の気動車列車が朝靄の中を駆けて行った。日中は5時間以上も運転間隔が空く宮田線だったが、通勤通学時間帯となる朝6時から8時台に掛かる2時間余りの間には3往復の列車が設定されていた。
◎宮田線　勝野〜磯光　1984（昭和59）年3月

1-9 宮田線

磯光地区には近くを流れる犬鳴川から用水路が引き込まれて沿線の田畑を潤す。駅の近くには溜池があり、列車は水面に影を落とす。終点から積み出した荷が重いのか9600形は思いがけず黒煙を噴き上げながら、平坦な田園地帯をゆっくりと走って行った。◎宮田線　勝野〜磯光　1972(昭和47)年12月6日

始発駅勝野を発車した下り列車。キハ47と急行型気動車の2両編成だ。遠望される駅構内には赤信号が灯っていた。画面右手には筑豊本線の線路が見える。列車は構内の外れで右手に大きく曲がり、貝島炭鉱等の石炭産業で栄えた宮田町(現・宮若市)へ向かって西へ進んで行く。◎宮田線　磯光〜勝野　1984(昭和59)年3月

## 1-9 宮田線

霧に煙る無人駅に気動車2両編成の普通列車が到着した。ホームは1面のみだが、そこに被さる上屋は梁に鉄骨のトラスを用いた堂々たるいで立ちである。かつては石炭の積み出し施設があった構内は広々としている。線路を剥がした跡にはバラストが所々残っていた。◎宮田線　磯光　1984（昭和59）年3月

終点駅に到着した列車からたくさんの学生が降りて来た。宮田町内の学校まで人波は続くのだろう。改札口には職員が立ち定期券を確認している。ホームに被さる上屋を支える柱は古レールを曲げたもので、吊り下げられた照明器具と共に洒落た雰囲気を醸し出していた。
◎宮田線　筑前宮田　1973（昭和48）年11月29日

終点筑前宮田に到着しようとしているキハ20。検査を終えて工場から出場して間もないのか気動車特有の汚れが目立たない美しい車体である。筑前宮田駅では貝島炭鉱専用線と貨物の受け渡し等を行っていた。そのため線路際には何本もの腕木式信号機が建っている。
◎宮田線　筑前宮田　1966（昭和41）年2月23日　撮影：荻原俊夫

1-9 宮田線

宮田線の終点筑前宮田駅。石炭輸送華やかりし時代には地域拠点の一つだった。多くの職員が配置されていた頃の駅舎は、事務室部分が待合室部分に比べてかなり広く取られていた。外壁には「たばこ」の看板が掛かり、建物内部に売店が設置されていた模様だ。◎宮田線　筑前宮田　1966(昭和41)年2月23日　撮影：荻原俊夫

筑前宮田駅はホーム1面だけの小さな駅舎である。1982(昭和57)年まで貨物営業が行われていたため、駅の構内は広かった。
◎宮田線　筑前宮田　1988(昭和63)年7月　提供：宮若市

宮田線の中間駅磯光は、ホーム1面のみの簡素な駅である。かつては石炭の積み出し用に多数の側線やホッパーが設置されていた。
◎宮田線　磯光　提供：宮若市

## 1-9 宮田線

宮田線旅客営業開始70年の式典。花束の贈呈が行われ、吹奏楽部と思われる学生が招かれている。◎宮田線　筑前宮田　1982（昭和57）年7月　提供：宮若市

宮田線にはキハ40系が投入されていた。当該車両は現在もJR九州の非電化路線で活躍している。◎宮田線　提供：宮若市

石炭列車運行終了の看板を付けた客車が宮田線を走る。◎宮田線　1989（平成元）年　提供：宮若市

# 1-10 室木線

むろきせん

## 客車列車で田園散歩

### 路線DATA
起点：遠賀川
終点：室木
開業：1908（明治41）年7月1日
廃止：1985（昭和60）年4月1日
路線距離：11.2km

　福岡県鞍手郡鞍手町西部に点在した炭鉱からの石炭輸送を目的として建設された。当初より官設鉄道として開業。末期まですべての列車を機関車牽引の客車で運転していた。

　遠賀川駅から鹿児島本線と並行して西へ延びる線路は西川を渡った先で南方へ大きく曲がり、県道とともに鞍手町内へ進む。周囲は長閑な田園地帯。北田川を渡ると鞍手駅があった。鞍手より先は低い山に囲まれた中山間地域の様相を呈し、二つの県道が分かれる辺りが終点室木である。鉄路よりさらに南へ延びる県道宮田遠賀線を山陽新幹線の高架が跨ぐ。新幹線の建設時には室木駅から室木トンネル付近まで線路が敷かれ、レール等の資材輸送に活用された。

　新幹線の開業からおよそ10年後、室木線は第1次特定地方交通線の指定を受けて全線が廃止。路線バスに転換された。西日本鉄道がほぼ旧路線に沿って運行したバスも1998（平成10）年に廃止されている。現在は遠賀川駅前〜鞍手車庫〜直方バスセンター間を運転する西日本鉄道の便、鞍手町コミュニティバスが鞍手、室木を結ぶ。

### 【駅一覧】
●遠賀川　おんががわ　………………………… 0.0km
●古月　ふるつき　……………………………… 3.8km
●鞍手　くらて　………………………………… 7.2km
●八尋　やひろ　………………………………… 9.4km
●室木　むろき　………………………………… 11.2km

鹿児島本線遠賀川と福岡県鞍手郡鞍手町内の室木を結んでいた室木線。古月にDE10牽引の客車列車が停車中。駅に隣接して肥料等を製造する清新産業鞍手工場の貨物側線があり、同路線が廃止された前年の1984（昭和59）年まで貨物扱いを行っていた。
◎室木線　古月　1981（昭和56）年4月7日

客車列車が冬枯れの路に煙を残して走り去って行った。手動で開閉する客室扉の多くは開け放たれ、最後尾の連結面扉も開いている。客室と乗降部デッキは扉で仕切られていたが、混雑時にはデッキまで人が溢れることもあった。自動扉が当たり前となった現在では考えられない構造である。◎室木線　鞍手〜古月　1972（昭和47）年12月6日

未だ植えられて日が浅いと思しき桜がホームを飾る八尋駅に旧型客車を牽引してDE10が入って来た。県道宮田遠賀線との並行区間に設置された当駅はホーム1面1線の棒線形状。県道と共に南へ進路を取れば終点の室木はもうすぐだ。
◎室木線　八尋　1981（昭和56）年4月7日

終点駅では折り返しの運転に備えて、乗務員が機関車の点検を行っていた。室木線では昭和40年代末期まで蒸気機関車が客貨列車に用いられた。若松機関区に所属する8620形が運用に就いた。◎室木線　室木　1973（昭和48）年11月29日

1-10 室木線

終点室木に停車中の列車は、機関車の蒸気圧が上がって出発目前の様子だ。旧型客車の先頭に立つのは大正生まれの8620形。小振りな化粧煙突。そして除煙板を装備していない出で立ちが鉄道黎明期の汽車を彷彿とさせる。ホームには発車の合図を送ろうとしている駅員の姿が見られた。◎室木線 室木 1973 (昭和48) 年11月29日

室木線の廃止時に運転された「さようなら」列車。急行用の車両が用意され、77年間の歴史に幕を閉じた。
◎遠賀川駅　1985（昭和60）年4月1日　提供：遠賀川町

室木線で最後となった蒸気機関車の運転。「ハチロク」の愛称で親しまれた8620形蒸気機関車が最後の活躍を見せた。
◎遠賀川駅　1974（昭和49）年1月　提供：遠賀川町

地方路線で多くの列車が気動車により運転されるなか、室木線では末期まで全列車に客車が用いられていた。旧型客車の編成には、かつて急行等で活躍したスハフ42が組み込まれている。牽引機のDE10は正面の切り抜きナンバー付近が赤く塗られた九州仕様だ。
◎室木線　室木　1981（昭和56）年4月7日

荒五郎山付近から見下ろすと草原の中に線路が延びている様子を見通すことができた。室木行きの旅客列車が白煙とともにやって来た。旧型客車は路線の最期まで継続された当地ではお馴染みの車両である。機関車は室木に向かって逆向きに連結されている。
◎室木線　鞍手町古門付近　1972（昭和47）年頃　提供：鞍手町歴史民俗博物館（撮影：香月嘉介）

# 1-11 矢部線

やべせん

## 戦後日本で最初に開業した鉄路

### 路線DATA
起点：羽犬塚
終点：黒木
開業：1945（昭和20）年12月26日
廃止：1985（昭和60）年4月1日
路線距離：19.7km

　鹿児島本線羽犬塚と地域の特産品である八女茶の産地として知られる矢部村（現・八女市）を結ぶ路線として計画された予定線の一部。沿線に筑後陸軍の飛行場等の軍事施設、工場があったために第二次世界大戦下で建設工事が進められ、終戦後に工事が完成していた黒木までの区間が開業した。日本の鉄道では戦後に初めて開業した路線となった。路線名には計画当初の終点であった矢部が用いられた。

　起点の羽犬塚は当駅止まりの列車があり、所在地である筑後市のみならず、八女市の鉄道玄関口となっている地域の拠点駅だ。東へ延びる線路は程なくして八女市内へ入る。現在は西日本短大付属高校等が建つ龍ケ原地区に飛行場があった。線路は山ノ井川、星野川の間に広がる田園部を通り、斜面に茶畑が見られる山間部へ足を進める。県道田主丸黒木線と共に森を縫うように進み、国道442号と合流する黒木地区の町中に終点駅があった。

　物資輸送を担うには開業が遅れに失し、早々に閑散路線となった矢部線は第1次特定地方交通線に指定されて全線廃止となった。転換された路線バスは地元会社の堀川バスが運行したもののほどなくして廃止。羽犬塚～黒木～矢部間、福島～北川内～星野間の現有路線が鉄路で辿った町を結ぶ。

### 【駅一覧】
- ●羽犬塚　はいぬづか …………… 0.0km
- ●花宗　はなむね ………………… 1.5km
- ●鵜池　うのいけ ………………… 3.9km
- ●蒲原　かまはら ………………… 5.1km
- ●筑後福島　ちくごふくしま ……… 6.8km
- ●今古賀　いまこが ……………… 8.0km
- ●上妻　こうづま ………………… 9.3km
- ●山内　やまうち ………………… 11.7km
- ●北川内　きたかわち …………… 15.2km
- ●黒木　くろき …………………… 19.7km

心地良い陽気に誘われてか、やって来た車両の客室窓は開けられ、いくつかの窓辺には肘を付く乗客の姿が見られた。多くの旧国鉄形車両が持ち合わせていた窓を気軽に大きく開けることができた仕様は、旅の醍醐味をより膨らませることのできる仕掛けだった。
◎矢部線　山内～北川内　1981（昭和56）年4月6日

現在は九州自動車道のインターチェンジがある筑後市と八女市の境界付近。蒸気機関車が健在であった頃には茶畑が広がる長閑な農村部だった。お茶の隣に植わる夏みかんが温暖な地域であることを物語る。2軸の有蓋車には各駅で袋詰めにされた茶葉が一杯に積み込まれるのだろう。◎矢部線　鵜池〜花宗　1972（昭和47）年12月12日

かつてのホーム上に植えられた桜が見事に花を咲かせた駅に朱色の気動車が停車した。上妻駅は八女市郊外の県道久留米立花線の近くにあった。無人化されたのは昭和40年代の半ば。現在の構内跡は隣接する市営団地の敷地となっている。画面左手に団地の建物が写っている。◎矢部線　上妻　1981（昭和56）年4月6日

並木の桜は咲き揃い、川岸にはアブラナが黄色い花を揺らして春爛漫の風情を湛える星野川。赤い気動車列車が優しい風景の中に飛び込んで来た。車両は朱色一色塗装のキハ47。車体中寄りに客室扉を設置した暖地向けの気動車だ。
◎矢部線　北川内〜山内　1981（昭和56）年4月6日

82

## 1-11 矢部線

福岡県八女市内の中山間地域を流れる星野川。美しい響きの名称を持つ静かな流れは、北山内の界隈で線路に寄り沿っていた。周囲には山里の風景が広がり、時間を忘れかけた頃にやって来る列車が長閑な眺めに明るい色合いを添えていた。
◎矢部線　山内～北川内　1981（昭和56）年4月6日

路線廃止の挨拶に臨む駅長氏に周囲の視線が集まる。手狭なホームには入りきれないくらい、多くの人が集まっているのか扉の開いた車内にも人の姿が見える。全ての列車が運行を終えた矢部線。終日車両に取り付けられていた惜別のヘッドマークは外され、式典も終盤に差し掛かっている。◎矢部線　羽犬塚　1985（昭和60）年3月31日　提供：筑後市

路盤工事従事者の記念撮影。当時は機械力がなく、全て人と馬に頼る工事だった。◎1939 (昭和14) 年　提供：八女市

矢部線の貨物輸送は木材が主で、炭鉱の坑道を支える坑木として大いに利用された。◎矢部線　筑後福島　提供：八女市

1-11 矢部線

試運転のディーゼルカーが黒木駅に停車している。女優の黒木瞳さんの出身地である黒木は、山と水に恵まれた美しい町である。
◎矢部線　黒木　1954(昭和29)年11月15日　提供：八女市

# 1-12 柚木線

ゆのきせん

## 豪雨災害から廃止へ

### 路線DATA
起点：左石
終点：柚木
開業：1920（大正9）年3月27日
廃止：1967（昭和42）年9月1日
路線距離：3.9km

　佐世保軽便鉄道（後の佐世保鉄道）が建設した762mm軌間の鉄道が路線の始まり。北松炭田からの石炭輸送が主な目的だった。昭和期に入って佐世保鉄道が国の買収を受けて当路線も国有化された。当時は佐世保鉄道の保有していた路線を支線も含めて松浦線と称した。第二次世界大戦下で線路は1067mmに改軌された。

　佐世保市北部の大野町にある左石駅から、町内を流れる相浦川を遡って線路は延びる。川の流れが大きく3つに分かれる柚木町内が鉄路の終点だった。

　元より沿線人口が少ない地域であり、石炭産業が廃れるに伴い需要の小さい閑散路線となった。末期には朝夕に集中して1日4往復の旅客列車が運転されていた。輸送量の小ささを物語るかのようにレールバスと呼ばれた2軸気動車のキハ02形が運用に就いた。1967（昭和42）年7月に発生した豪雨の影響で全線が不通となり、復旧が叶わぬままおよそ2か月後に全線廃止となった。

### 【駅一覧】
- 左石　ひだりいし　……………… 0.0km
- 肥前池野　ひぜんいけの ………… 1.5km
- 柚木　ゆのき ……………………… 3.9km

柚木線の終点柚木。旅客列車は朝夕のみに運転されていた閑散路線だったが、石炭の積み出しを目的に建設された路線なので構内には幾条もの側線があった。画面右手奥には石炭の積み出しに使われたと思しき小振りなホッパーがある。◎柚木線　柚木　1961（昭和36）年7月9日　撮影：荻原二郎

キハ02を真横から見る。通称レールバスと呼ばれたキハ02は松浦線と松浦線から分岐する盲腸線の柚木線、臼ノ浦線、世知原線などで運用されていた。◎1962（昭和37）年3月2日　撮影：小川峯生

# 1-13 臼ノ浦線

うすのうらせん

## 波静かな入り江に続く鉄路

### 路線DATA
起点：佐々
終点：臼ノ浦
開業：1931（昭和6）年8月29日
廃止：1971（昭和46）年12月26日
路線距離：3.8km

　石炭の積出し港であった臼ノ浦へ向かう鉄道として佐世保鉄道が軌間762㎜で建設。当初の起点は四ツ指(つゆび)（後の四ツ井樋(よついび)）駅だった。昭和期に国が買収して本線共々松浦線となる。

　他の元佐世保鉄道路線と同様に第二次世界大戦下で1067㎜への改軌工事が行われた。翌年には実森谷～四ツ井樋間で線路の付け替え工事が実施され四ツ井樋駅は廃止。佐々(さざ)が新たな起点となり、同時に松浦線から分離されて臼ノ浦線となった。

　佐々から松浦線と共に南へ延びる線路は、西に大きく曲がると佐々川の河口付近を渡る。足毛馬、長崎山等がそびえる半島部の間につくられた谷筋を伝い、細長い入り江を形成する臼ノ浦へ至る。

【駅一覧】
●佐々　さざ ………………………………… 0.0km
●臼ノ浦　うすのうら ……………………… 3.8km

　北松炭田の衰退と共に貨物輸送の性格は薄れて不採算路線に。末期には1日朝3往復、夕方1往復の運転だった。そのうち朝の1往復は松浦（現・松浦鉄道西九州線）線肥前吉井（現・吉井）発着。1968（昭和43）年には国鉄諮問委員会が提出した赤字83線に挙げられ全線廃止となった。廃止後は西肥自動車の路線バスが代替交通となった。

細長い小さな入り江の沿岸部に家屋が集まる臼ノ浦に臼ノ浦線の終点があった。駅は集落よりも南方の港付近に設置されていた。臼ノ浦線が石炭の積み出しを目的として建設された経緯を見て取れる。旅客輸送は閑散路線用のキハ02が受け持った。
◎臼ノ浦線　臼ノ浦　1961（昭和36）年7月10日　撮影：荻原二郎

佐々駅のホーム。停車しているのは松浦線佐世保行きの列車。堂々と臼ノ浦線乗り換えの案内板が立っている。◎臼ノ浦線　佐々
1961（昭和36）年7月10日
撮影：荻原二郎

# 1-14 世知原線

せちばるせん

## 国鉄型レールバスの里

**路線DATA**
起点：肥前吉井
終点：世知原
開業：1933（昭和8）年10月24日
廃止：1971（昭和46）年12月26日
路線距離：6.7km

　元は佐々川周辺で産出する石炭の輸送を目的として建設された鉄路。明治期に関西採炭株式会社が九州松浦炭礦鉄道として佐々～世知原間に11.9kmの専用鉄道を開通させた。昭和期に入って佐世保鉄道が、松浦炭礦の鉱業権者となっていた岡本彦馬氏より個人経営となっていた鉄道を買い受けた。路線は地方鉄道の貨物線として再出発を図り、翌年には旅客営業も始めた。佐世保鉄道は国の買収により国有化され、1945（昭和20）年に肥前吉井～世知原間が松浦線から分離されて世知原線となった。

　吉井駅の北側を流れる佐々川を遡って線路は東方へ延びる。所々開けた雰囲気のある谷筋には、端山の間を埋めるように田畑が広がる。対岸に岩屋神社の杜を望む辺りが祝橋駅。線路は県道栗木吉井線と共に東進を続ける。路木場川を渡ると世知原の町中へ入り轍は山間部の町中で途絶える。

　石炭路線の衰退後は他の運炭路線と同様に不採算路線となった。末期には小さな輸送量に対応するキ

ハ02形を導入した。1968（昭和43）年当時の運転本数は1日8往復。そのうち1往復は土曜日のみの運転で、下り列車は佐々発だった。赤字83線に名を連ねることとなり、隣接する臼ノ浦線と共に全線が廃止された。線路跡の大部分は廃止後にサイクリングロードとして整備された。

【駅一覧】
- ●備前吉井　ひぜんよしい……………………0.0km
- ●祝橋　いわいばし……………………………3.9km
- ●世知原　せちばる……………………………6.7km

2両編成で終点駅に停まるキハ02。昭和30年代の初めに登場した小型気動車は閑散路線で運用の効率化に貢献した。その一方で総括制御装置を備えていなかった同車は、2両を連結して運転する場合には各車両に運転士が乗り込む必要があった。◎世知原線　世知原　1961（昭和36）年7月9日　撮影：荻原二郎

松浦線の肥前吉井からは世知原線が分岐している。この当時、既に貨物輸送が縮小されていた。◎世知原線　肥前吉井　1961（昭和36）年7月9日　撮影：荻原二郎

# 1-15 宮原線

みやのはるせん

## 大分、熊本県境の高地を行く

### 路線DATA
起点：恵良
終点：肥後小国
開業：1937（昭和12）年6月12日
全通：1954（昭和29）年3月15日
廃止：1984（昭和59）年12月1日
路線距離：26.6km

　佐賀県佐賀を起点として福岡県下の瀬高、熊本県菊池を経由して久大本線の恵良駅へ至る予定線の一部として大分、熊本の県境付近に建設された路線。第二次世界大戦前に恵良〜宝泉寺7.3km区間が開業した。ところが戦時下で不要不急路線に指定されて営業を休止。戦後に営業を再開した後、肥後小国までの区間が開業した。

　全ての列車が恵良から一駅日田方の久大本線豊後森を始発終点としていた。当駅に隣接した機関区跡に残る扇形庫には宮原線で活躍した旧型気動車のキハ07が1980年代まで保管されていた。同車両は現在、鹿児島本線門司港駅に隣接する九州鉄道記念館で保存展示されている。

　線路は国道387号日田街道とともに終点の小国町まで山間部を越える経路を取っていた。しかし、後から開業した宝泉寺以南では国道と別の谷筋を進む区間が多い。沿線人口の少ない山中の短い路線故、1981（昭和56）年第1次特定地方交通線として廃止が承認された。廃線跡には駅ホームや複数のコンクリートアーチ橋等、現役時の形を留めている遺構が散見される。竹筋コンクリート造と目される7つの橋梁は2004（平成16）年に国の登録有形文化財に指定された。

### 【駅一覧】
- 恵良　えら　　　　　　　　　　　　　0.0km
- 町田　まちだ　　　　　　　　　　　　4.7km
- 宝泉寺　ほうせんじ　　　　　　　　　7.3km
- 麻生釣　あそづる　　　　　　　　　 14.8km
- 北里　きたざと　　　　　　　　　　 22.5km
- 肥後小国　ひごおぐに　　　　　　　 26.6km

宮原線の起点であった久大本線の豊後森駅。ここから南側の山間部へ続く路線の列車は駅舎から離れた3番乗り場に発着していた。当駅は水分峠の西側に位置する久大本線の要所であり機関区が置かれていた。1967（昭和42）年まで使用されたキハ07も当区に所属していた。◎宮原線　豊後森　1962（昭和37）年1月14日　撮影：荻原二郎

北里駅に到着する単行の気動車。当地は明治から昭和初期に活躍した医学者、北里柴三郎が生まれ育った地である。但し、当駅が開業したのは第二次世界大戦後で、駅名は所在地の字名に因んでつけられた。列車の背後には大分熊本の両県境に跨る涌蓋山(標高1500メートル)を望む。◎宮原線　北里〜麻生釣　1981(昭和56)年4月11日

沿線に温泉地が点在する町田川沿いの区間。線路際には小さな名湯の広告看板が随所にあった。秘湯人気が高まった現在であれば、観光路線として活路を見い出すことができたかも知れない。しかし当の鉄道は単行の気動車が少ない運転本数をこなすばかりの閑散路線だった。◎宮原線　町田〜宝泉寺　1980(昭和56)年4月11日

93

1-15 宮原線

宮原線の終点、肥後小国駅にキハ07単行の普通列車が到着した。ホームには折り返し列車に積み込まれる小荷物が置かれている。1954(昭和29)年竣工の駅舎は鉄筋コンクリート造の重厚な構え。構内は片側ホーム1面1線で本線の隣には機関車を付け替えるための機回し線が並行していた。◎宮原線 肥後小国 1962(昭和37)年1月14日 撮影:荻原二郎

1-15 宮原線

久大本線から分かれた線路はほどなくして玖珠川と本流から水を引き込んだ農業用水路の万年井路を立て続けに渡った。川と水路の間には国道387号が通っている。背景の勇壮な佇まいの稜線は青野山。画面右手は久大本線と並行する野上川の谷筋に向かって開けている。
◎宮原線　恵良〜町田　1981 (昭和56) 年4月11日

97

単行のキハ40がコンクリート造りのアーチ橋を渡る。昭和期に入ってから建設された宮原線には同じような造りの橋がいくつか見られた。路線の廃止後も北里周辺に残る7つの橋梁は2004 (平成16) 年、国の登録有形文化財に指定された。
◎宮原線　北里〜肥後小国　1981 (昭和56) 年4月11日

熊本県側にあった終点駅。筑後小国で折り返しの発車を待つ気動車。ホームには足の踏み場に困るほどたくさんの荷物が積まれている。宮崎椎茸と記された大きな箱の中身は県外産の干しシイタケだろうか。当駅では路線が廃止となる年まで荷物の取り扱いを行っていた。
◎宮原線　筑後小国　1973（昭和48）年11月26日

キハ58等の気動車4両編成で路線の廃止時に運転された宮原線の惜別列車。大型のヘッドマークが前面を飾った。刈り入れが終わった水田で、ハザ掛けされた稲穂が見送る晩秋の山路を行く。県境部へ向かう路は上り勾配となり、列車は紫煙を燻らせながら走って行った。
◎宮原線　肥後小国〜恵良　1984（昭和59）年11月30日　提供：小国町

# 現役路線の廃止線

## ◆筑肥線（虹ノ松原～山本）

　筑肥線はかつて博多～伊万里間の短絡線の性格を有していた。当時は唐津市街を通らないルートで直通する一本の路線であったが、1983（昭和58）年の部分電化開業により一部区間の廃止や経路の変更が生じ、唐津駅～山本駅で分断された路線となった。

1983（昭和58）年3月22日に筑肥線の姪浜～唐津間、唐津線の唐津～西唐津間が電化され福岡市営地下鉄と乗り入れが開始された。同時に虹ノ松原～山本間を廃止、初代東唐津、鏡、久里の各駅も廃止された。写真は虹ノ松原～東唐津間を走る列車。
◎1962（昭和37）年3月　撮影：小川峯生

東唐津から虹ノ松原に向けて走る気動車の快速。筑肥線は東唐津駅でスイッチバックを行い博多方面に向かった。当時の東唐津駅は現在地より北西の松浦川右岸河口付近に位置していた。◎1962（昭和37）年3月　撮影：小川峯生

## ◆唐津線（山本〜岸嶽）

　唐津線にはかつて山本から岸嶽に至る支線が伸びていた（岸嶽支線）。旅客営業が開始されたのは1913（大正2）年9月21日であったが、前年の1月17日に貨物線として路線自体は開通していた。起点の山本駅の次は牟田部駅で、その次が終点の岸嶽駅である。その後、炭鉱の閉山などもあり、1971（昭和46）年8月20日に廃止された。

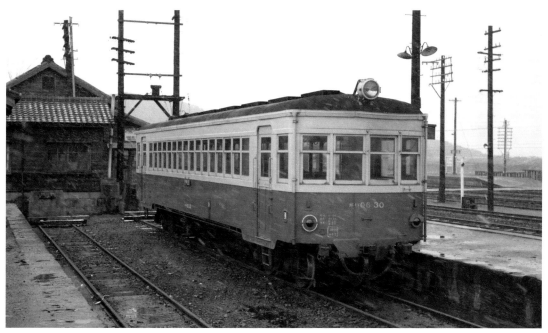

当時、山本駅の南寄りにあった、切欠ホーム0番線に停車している岸嶽支線の気動車
◎1962（昭和37）年1月9日　撮影：荻原二郎

明治後期から昭和中期にかけて炭鉱で栄えた北波多村の中心駅であった岸嶽駅ホーム。
◎1962（昭和37）年1月9日　撮影：荻原二郎

◆日豊本線（細島線）

　細島線は日向市駅（当線開業当初は富高駅）から東側の海岸に向かい細島駅に至る路線である。開業は1921（大正10）年10月11日で、旅客営業が廃止されたのは1972（昭和47）年2月1日である。このとき日豊本線の貨物支線となりJR貨物に継承された。その後1989（平成元）年12月1日の休止を経て1993（平成5）年に廃止された。旅客営業時には途中に伊勢ケ浜駅が設けられていた。

南延岡駅で撮影された細島行きの列車のサボ。◎1962（昭和37）年1月15日　撮影：荻原二郎

# その他の廃止線

◆大蔵線

　大蔵線は1981（明治24）年4月に小倉～大蔵～黒崎間に九州鉄道の本線として開業した。当初、九州鉄道は戸畑経由を希望していたが、敵からの攻撃を恐れた軍部の反対で内陸側を通ることになった。戸畑経由の路線は1902（明治35）年12月に戸畑線として開業し、5年後には九州鉄道が国有化され戸畑線が本線に昇格した。1911（明治44）年には九州電気軌道（その後の西鉄北九州線）が大蔵線とほぼ同じ区間で開業したため大蔵線は1911（明治44）年に廃止された。

◆小倉裏線

　大蔵線同様、敵艦の砲撃を危惧した軍部は小倉付近でも内陸部に走るよう求めた。1904（明治37）年2月に富野信号所から日豊本線の行橋方面と接続する南篠崎聯絡所（れんらく）までと、途中で分岐して大蔵線上の板櫃聯絡所（いたびつ）までを結ぶ路線が開業した。途中の足立駅は軍用停車場とされた。大蔵線が廃止された5年後の1916（大正5）年6月に小倉裏線も廃止された。

◆油津線

　油津線のルーツは1913（大正2）年8月18日に開業した宮崎県営鉄道飫肥線である。飫肥で産出される木材などを油津港に運搬するのが目的であり軌間762㎜の軽便鉄道であった。1935（昭和10）年に国有化され油津線となったが、1941（昭和16）年油津～北郷間が志布志線として開業した際に油津線の名称は廃止された。

102

細島駅は古い木造の駅舎があり、駅構造は構内の南側に単式のホームがあった。◎1962（昭和37）年1月15日　撮影：荻原二郎

富高（現・日向市）駅のホーム。現在日向市駅は高架化されており杉材が使用されている。
◎1962（昭和37）年1月16日　撮影：荻原二郎

# 廃止路線各線の時刻表（1956年）

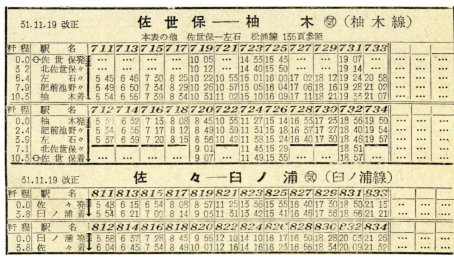

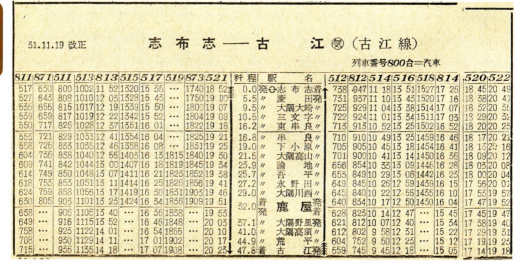
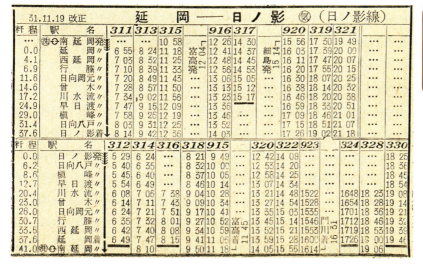

## 志布志線

## 妻線

## 香月線、漆生線

## 上山田線

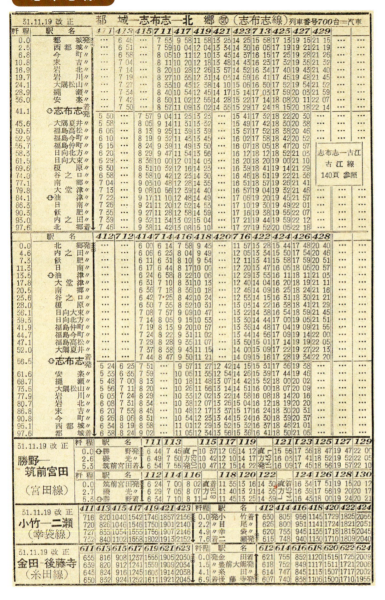
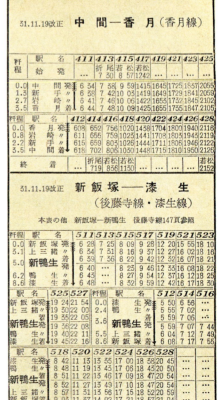

# 2章
# 九州南部

- **2-1** 高千穂線
- **2-2** 山野線
- **2-3** 宮之城線
- **2-4** 志布志線
- **2-5** 妻線
- **2-6** 大隅線

南国とはいえ11月半ばの国見山麓は冬枯れの様相を呈していた。終点駅に気動車列車がたたずむ。駅舎は屋根がホームに被さる上屋部分まで延長された個性的な姿。構内の左手奥に小さな給水塔等、蒸気機関車の整備時に用いられた施設がある。
◎妻線　杉安　1973(昭和48)年11月19日

# 妻線と周辺【1965（昭和40）年】

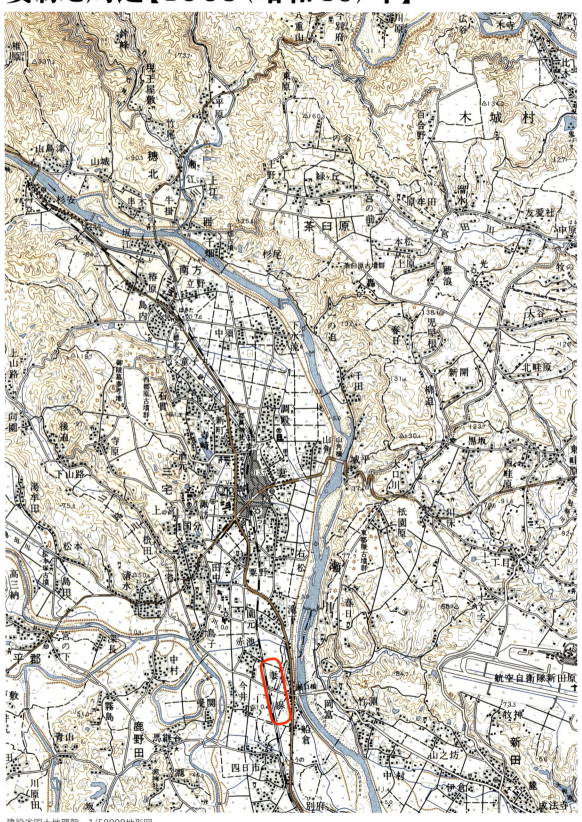

建設省国土地理院　1/50000地形図

# 志布志線、古江線と周辺【1965（昭和40）年】

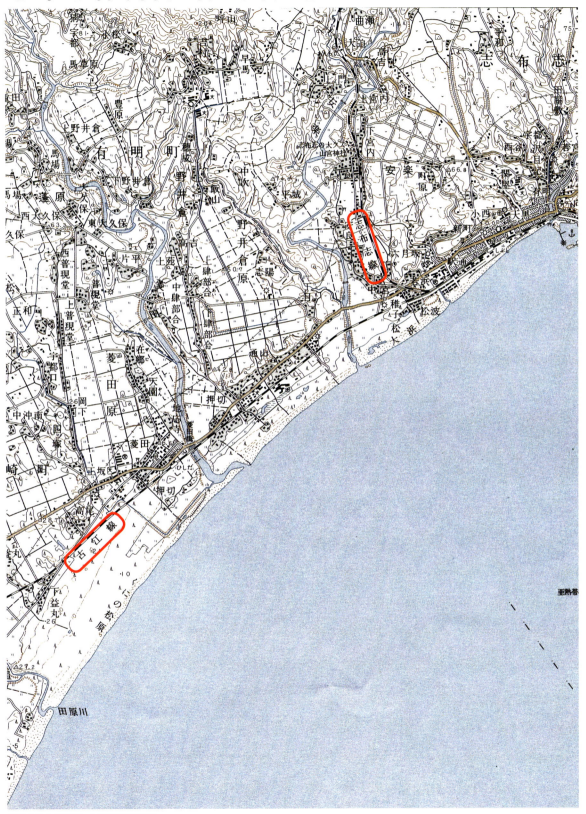

建設省国土地理院　1/50000地形図

# 山野線、宮之城線と周辺【1965（昭和40）年】

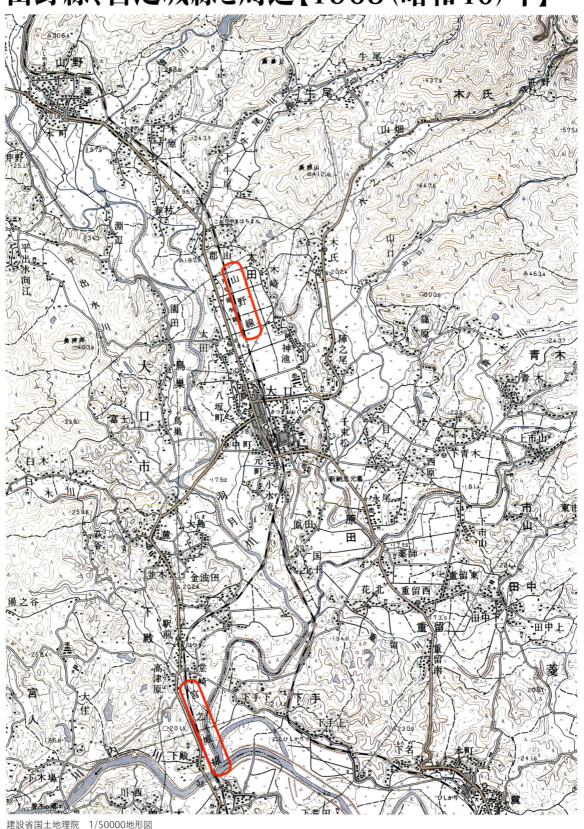

建設省国土地理院　1/50000地形図

# 古江線と周辺【1965(昭和40)年】

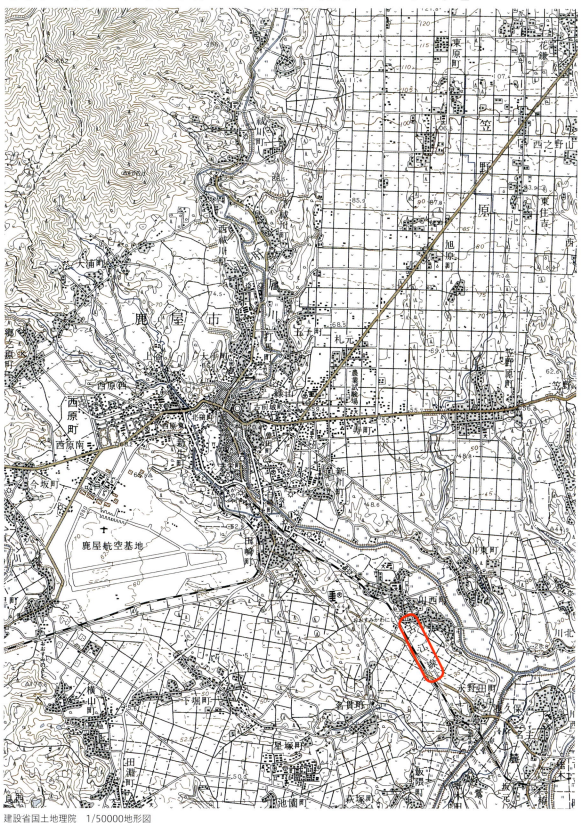

建設省国土地理院　1/50000地形図

# 2-1 高千穂線

たかちほせん

## 日本一の高さを誇った高千穂橋梁

### 路線DATA
- 起点：延岡
- 終点：高千穂
- 開業：1935（昭和10）年2月20日
- 全通：1972（昭和47）年7月22日
- 第三セクター転換：1989（平成元）年4月28日
- 廃止：2009（平成20）年12月28日
- 路線距離：50.1km

　改正鉄道敷設法で熊本県高森と宮崎県延岡を結ぶ鉄道として予定された路線の開業区間。昭和初期に日ノ影線として延岡～日向岡元間が開業し、第二次世界大戦前に日ノ影までの区間が開業した。昭和40年代に入って日ノ影～高千穂間が延伸開業し、路線名を高千穂線と改めた。その後高千穂～高森間の建設も進められたが、工事現場からの異常出水等に見舞われて中断。1980（昭和55）年に事業は凍結された。

　延岡市内で日向灘に注ぐ五ケ瀬川を遡る経路は曲がりくねった深い谷間だ。長谷川が五ケ瀬川に合流する辺りが長らく終点であった日ノ影。深角を過ぎて長大な大平山トンネルを抜けて全長約353mの高千穂橋梁へ躍り出る。眼下を流れる岩戸川川底から桁上面までの高さは105mあり供与時には日本一高い鉄道橋だった。神話の里を連想させる天岩戸駅を過ぎ、短いトンネルを潜って終点高千穂へ到着する。

　第2次特定地方交通線に指定されたが路線は九州旅客鉄道に継承された後、第三セクター会社の高千穂鉄道に転換された。しかし2005（平成17）年9月。台風14号により一部橋梁の流出等甚大な被害を受け、復旧されずに廃止された。現在、高千穂～高千穂橋梁間の線路には廃線後の施設を受け継いだ「高千穂あまてらす鉄道」がトロッコ風の遊具を不定期で運行する。

五ヶ瀬川が近寄って来ると沿線は山里の様相を呈する。形式入りのナンバープレートを付けたC12 93号機が貨物列車を牽引して来た。本機は新製以来、南延岡機関区に所属した日ノ影線で主のような存在だった。同路線の無煙化よりも一足早く、1973（昭和48）年に吉松機関区へ転属した。◎高千穂線　細見～日向岡元　1972（昭和47）年12月23日

## 【駅一覧】

- ●延岡　のべおか　……… 0.0km
- ●西延岡　にしのべおか　… 4.1km
- ●行縢　むかばき　……… 6.9km
- ●細見　ほそみ　………… 10.5km
- ●日向岡元　ひゅうがおかもと … 11.6km
- ●吐合　はきあい　……… 13.3km
- ●曽木　そき　…………… 14.6km
- ●川水流　かわずる……… 17.2km
- ●上崎　かみざき　……… 19.9km
- ●早日渡　はやひと　…… 24.9km
- ●亀ヶ崎　かめがさき　… 26.4km
- ●槇峰　まきみね　……… 29.0km
- ●日向八戸　ひゅうがやと … 31.4km
- ●吾味　ごみ　…………… 32.9km
- ●日ノ影　ひのかげ　…… 37.6km
- ●影待　かげまち　……… 40.4km
- ●深角　ふかすみ　……… 44.0km
- ●天岩戸　あまのいわと　… 47.9km
- ●高千穂　たかちほ　…… 50.1km

高千穂へ向かって急勾配区間が控える山間路線だが、一機関装備車のキハ20が充当されていた。3両編成の列車が線路と絡みながら蛇行を続ける五ヶ瀬川を渡る。延岡市の郊外部に当たる沿線は深い谷へ進む手前で、まだ田畑が目立つ広々とした雰囲気だ。
◎高千穂線　上崎～川水流　1981 (昭和56) 11月12日

2-1 高千穂線

川水流駅に入線するC12が牽引する貨物列車。形式入りのナンバープレートが西日を受けて輝いた。画面左手には側線が並び、地方路線でも各駅での貨物扱いが盛んであった様子を偲ばせる。高千穂線での貨物営業は蒸気機関車の運転終了と同じ1974(昭和49)年に廃止された。◎高千穂線(撮影時・日ノ影線)川水流　1962(昭和37)年1月15日　撮影：荻原二郎

落ちアユを狙ってか太公望が釣り糸を垂れる秋の五ヶ瀬川。開けた谷間の中流域で川に沿って走る線路の勾配は未だなだらかだ。二機関を備える強力型気動車のキハ52はジョイント音も軽やかに山裾を駆けて行った。
◎高千穂線　川水流〜神崎　1982（昭和57）年10月13日

2-1 高千穂線

急坂の県道を上って行くと、眼下に五ヶ瀬川の流れを見渡すことができた。プレートガターを繋いだ橋梁を渡る2両編成の気動車は昭和40年代の汎用気動車キハ20。高千穂を目指す急勾配区間向けの強力車だ。画面右手の集落内に川水流駅がある。
◎高千穂線　上崎〜川水流　1980（昭和55）年8月

鉄道車両に冷房装置が未だ普及していなかった時代。乗客は暑さの厳しい時期になると窓を全開にして涼をとっていた。しかし、蒸気機関車が牽引していた列車では、車内へ入って来る煤煙に悩まされた。気動車化によって夏の汽車旅は多少改善された。
◎高千穂線　神崎〜川水流　1980（昭和55）年8月

ホームで発車時刻を待つキハ10。日ノ影が終点だった時代の情景で、構内の奥には機関車が滞泊等に用いる駐泊所施設が見える。単線の車庫があり、その傍らには小振りな給水塔が建つ。駅舎側のホームには木材が積まれ、貨物列車の積み荷であることを窺わせる。◎高千穂線（撮影時・日ノ影線）　日ノ影　1962（昭和37）年1月15日　撮影：荻原二郎

2-1 高千穂線

日ノ影線として開業した延岡〜日ノ影（後の日之影温泉）間では1970年代半ばまで貨物営業が行われていた。渓谷沿いに敷かれた鉄路を小柄なC12が川面に白煙をなびかせて貨物列車を牽引する。列車の編成は2軸の無蓋車が主体だった。
◎高千穂線　槙峰〜日向八戸　1972（昭和47）年12月23日

桁上面から直下を流れる岩戸川の川底まで105メートルの距離があり、供用時には「日本一高い鉄道橋梁」といわれた高千穂橋梁。全長は353.76メートルである。雄大な緑の谷に架かる下部トラス構造の堂々たる橋を渡る気動車列車は小さく映った。◎高千穂線　天岩戸～深角　1981（昭和56）年11月12日

終点駅高千穂。五ヶ瀬川の景勝地高千穂峡に近い高千穂町の町中にあった。ホームで折り返しの列車が客待ちをしている様子。駅前には急傾斜の三角屋根を持つ山小屋風の土産物店が建ち、観光地の雰囲気を漂わせる。◎高千穂線　高千穂　1981（昭和56）年11月12日

五ヶ瀬川の谷間を進む鉄路の沿線。第三セクター転換から5年余りを経ても鬱蒼とした趣は変わらなかった。但し、路線の主役は小振りな気動車に替わっていた。TR100形は高千穂鉄道が開業した1989（平成元）年製。新潟鐵工所が中小私鉄向けに製造した軽快気動車NDCの一つだ。◎高千穂鉄道　日向八戸～槇峰　1994（平成6）年1月18日

2-1 高千穂線

亀ヶ崎付近で五ヶ瀬川の南岸には狭い川原の上を縫うように橋梁が架かっていた。川を跨がない橋は緩い曲線を描く。深谷川が注ぐ当地で、五ヶ瀬川は大きなS字状をかたちづくり暴れ川の一端を覗かせる。線路は亀ヶ崎駅を過ぎてから五ヶ瀬川を渡る。
◎高千穂鉄道　早日渡〜亀ヶ崎　1994（平成6）年1月18日

日ノ影駅構内で執り行われた開業式典。大勢の子どもで編成された鼓笛隊が線路上に並んでいた。日之影はかつてスズの採掘や林業で栄えた山間部の町。高度経済成長期は終盤に差し掛かろうとしていたが、未だたくさんの子どもが集う賑やかな暮らしがここにはあった。
◎高千穂線　日ノ影　1972（昭和47）年7月27日
提供：日之影町

延伸開業の日。日ノ影線時代の終点日ノ影駅があった日之影町は、町を上げてのお祭りムードに沸き返っていた。駅前付近では「祝高千穂線開通」を一文字ずつ書いたプラカードを掲げた子ども達が練り歩いた。後方には太鼓等を演奏する鼓笛隊が見える。
◎高千穂線　日ノ影　1972（昭和47）年7月27日
提供：日之影町

夏の日差しが強さを増し始めた頃、日ノ影線は神話の里・高千穂まで延伸を果たした。新区間の開業に伴い、新しい路線名を記載した横断幕と国旗を前面に掲げた列車がやって来た。旅客輸送の主役は既に蒸気機関車から気動車に代わっていた。◎高千穂線　日ノ影　1972（昭和47）年7月27日　提供：日之影町

## 2-1 高千穂線

4両編成の試運転列車は大きくホームからはみ出した。高千穂までの延伸開業を前に新線区間での習熟運転が繰り返されてきた。開業を目前に控え、沿線住民を乗せた内覧会列車が運転された。普段は入線する機会が少ない急行型車両が奢られた。後ろ2両は冷房装置付きである。◎高千穂線 高千穂　提供：高千穂町

旧・国鉄時代、高千穂線の列車には1950年代から60年代にかけて製造された汎用気動車のキハ20が用いられてきた。末期の姿は白に近いクリーム地に青い帯を巻いた九州地域色。462号車は朱色とクリーム色の塗り分けから朱色1色塗り、九州地域色と3度の塗装変更を施された。◎高千穂線　高千穂　提供：高千穂町

西日に輝くレールは、ホームの先で途切れていた。山裾の終点駅である高千穂はホーム1面1線の棒線駅。ホームからスロープを降りて行った先にコンクリート造りの駅舎がある。観光路線の性格を持ち合わせていたからか、閑散路線でありながら3両編成で運転される列車が多かった。◎高千穂線 高千穂　提供：高千穂町

# 2-2 山野線

やまのせん

## 県境付近をループ線で越える

### 路線DATA
- 起点：水俣
- 終点：栗野
- 開業：1921（大正10）年9月11日
- 全通：1937（昭和12）年12月12日
- 廃止：1988（昭和63）年2月1日
- 路線距離：55.7km

　大正期に栗野側から、昭和期に入って水俣側から建設が進められた。栗野〜山野間は軽便鉄道法に準じた山野軽便鉄道として開業。水俣〜久木野間が山野西線として開業すると山野東線と改称した。山野西線開業から3年余り経って久木野〜薩摩布計が開業した両路線は繋がり、路線名を再び山野線とした。

　水俣から東部の山中へ分け入る経路は久木野川の谷筋を辿る。久木野から山容はより厳しさを増し、鉄路はループ線で高度を稼ぐ。大半をトンネルが被う大川ループを通り、久木野トンネルを潜るうちに県境を跨いで熊本県から鹿児島県へ。平野部への水先案内人は山野川に移り、大口盆地の中心地である伊佐（当時大口）市内の薩摩大口駅に着く。さらに東へ向かう線路は川内川の流れに沿って進み、栗野駅で肥薩線と合流する。

　昭和40年代には出水〜宮崎間を結ぶ急行「からくに」が当線経由で運転された時期があったが、険しい山間部を通る閑散路線であり第2次特定地方交通線に指定された。旧・国鉄の民営化時には九州旅客鉄道へ継承されたが、その10か月後に全線が廃止。代替交通として水俣〜久木野、薩摩大口〜栗野間に路線バスがある。

### 【駅一覧】
- ●水俣　みなまた　0.0km
- ●東水俣　ひがしみなまた　2.6km
- ●肥後深川　ひごふかがわ　6.3km
- ●深渡瀬　ふかわたぜ　7.9km
- ●久木野　くぎの　14.3km
- ●薩摩布計　さつまふけ　22.6km
- ●西山野　にしやまの　30.7km
- ●山野　やまの　32.3km
- ●郡山八幡　こおりやまはちまん　34.1km
- ●薩摩大口　さつまおおくち　37.0km
- ●西菱刈　にしひしかり　41.8km
- ●菱刈　ひしかり　44.3km
- ●前目　まえめ　46.3km
- ●湯之尾　ゆのお　49.1km
- ●稲葉崎　いなばざき　51.7km
- ●栗野　くりの　55.7km

鹿児島県の北部に位置する大口盆地は、火山群に囲まれた地形でありながら九州としては比較的寒冷な気候下にある。積雲が立ち込める夏でも、爽やかな風が青田の上を吹き抜けた。風向きとは反対側から単行のキハ52がゆっくりと走って来た。
◎山野線　薩摩大口〜西菱刈　1980（昭和55）年8月29日

羽月川、市山川、重留川が縦横に流れる大口市(現・伊佐市)の郊外にはゆったりとした田畑が広がる。小柄なC56が2軸貨車を牽引する姿は里山に良く馴染んだ。貨物列車は1963(昭和38)年以降、栗野〜薩摩大口間での運転になっていた。
◎山野線　西菱刈〜薩摩大口　1972(昭和47)年12月16日

正月期間中の貨物列車は開店休業状態。緩急車1両を従えたC56 91号機がやって来た。寒気の中で、小さな列車の後ろに白煙が消えることなく続いた。本機が鹿児島国体開催に伴いお召列車を牽引したのは、この列車が撮影された年の10月で車体等はまだ普段着のままだ。
◎山野線　菱刈〜西菱刈　1972(昭和47)年1月3日

2-2 山野線

山野線と宮之城線の並行区間を行くキハ52の単行。両路線を利用して栗野〜川内間を行き来するには薩摩大口駅で乗り換える必要があった。列車の運転本数は少なく、乗り継ぎに1時間近くを要する時間帯が多かった。夕刻には乗り継ぎ時間10分程度の便があった。
◎薩摩大口　1962 (昭和37) 年1月17日　撮影：荻原二郎

久木野～山野間は山野線で列車の運転本数が最も少ない区間だった。しかし正午を跨ぐ時間帯に2本の下り列車がおよそ1時間の間隔で設定されていた。気動車のエンジン音が時報のように集落の中で響く。その傍らでは列車が起こした風に揺れるススキの穂が季節の到来を伝えていた。◎山野線　薩摩布計～西山野　1981（昭和56）年11月8日

さよなら列車に大勢の人が手を振る。山野線の運行最終日。中核駅の一つであった久木野駅は終日賑わった。急行型気動車で仕立てられた長編成の列車は普段に見られたのんびりとした風貌の気動車とは異なる趣き。線路の間近まで人が押し寄せ、無礼講の様相を呈していた。◎山野線　久木野　1988（昭和63）年1月31日　提供：水俣市

## 2-2 山野線

薩摩大口駅は山野線内最大の駅。広い構内が物資の集積地であったことを偲ばせる。そこを横断する踏切隣の商店は「ふみきり屋」の愛称で人々に親しまれていた。◎1986（昭和61）年5月25日　撮影：小斉平信二

下り吉松行が到着。通勤通学、買い物客などを運んできた山野線は、沿線住民にとってとても頼もしい存在であった。◎薩摩大口駅　1986（昭和61）年7月18日　撮影：小斉平信二

緩い弧を描きながら、栗野行普通列車が菱刈駅に到着。◎1988（昭和63）年1月6日　撮影：小斉平信二

# 2-3 宮之城線

みやのじょうせん

## 大口盆地と海辺を結んだ短絡路

### 路線DATA
起点：川内
終点：薩摩大口
開業：1924（大正13）年10月20日
全通：1937（昭和12）年12月12日
廃止：1987（昭和62）年1月10日
路線距離：66.1km

　大正期に川宮鉄道株式会社が建設していた川内〜樋脇間の鉄道は、第一次世界大戦下の物資高騰等で工事が頓挫し会社は解散となった。工事半ばの施設を国が買収し、大川線（後の宮之城線）として建設を継承した。川内町（現・川内）〜樋脇間が宮之城線として最初に開業。薩摩永野〜薩摩大口間の延伸開業で全通を見たのは昭和期に入ってからだった。

　鉄路は川内から対岸に国道267号を見て川内川を遡る。吉野山駅付近より辿る谷筋は樋脇川となる。入来駅を経由して川内川より南側へ大きく迂回する線形を取り、船木駅付近で再び国道と並ぶ。川内川岸の町宮之城（現・さつま町）を過ぎ、山中を左右へ曲がりくねりながら辿り着いた薩摩永野は行き止まり式のスイッチバック駅だ。近くにはかつて山ケ野金山があった。北方へ進行方向を変えた線路はトンネルで山中を抜けて針持駅へ。大口盆地へ出て山野線が通る薩摩大口へ着く。

　末期には、川内〜薩摩大口間に1日下り7本、上り5本の列車を運転していた。この他、川内、宮之城、薩摩大口を起点終点とする区間列車があった。全区間を通して乗車する利用者は極めて少なく、第2次特定地方交通線に指定されて全線が接続していた山野線よりも一足早く廃止された。廃止後は林田産業バス（現・いわさきバスネットワーク）、JR九州バス、南国交通の路線バスに転換された。

薩摩湯田駅は宮之城線の中間部付近に位置する。かつては貨物の取り扱いを行う有人駅だったが1962（昭和37）年に無人化された。昭和50年代に入ってからの姿はホーム1面に小さな上屋があるだけの棒線駅。沿線の案内板には宮之城温泉まで北へ2kmと記載されている。
◎宮之城線　薩摩湯田　1980（昭和55）年8月31日

【駅一覧】
- ●川内　せんだい　……………… 0.0km
- ●薩摩白浜　さつましらはま……… 5.1km
- ●楠元　くすもと　………………… 6.5km
- ●吉野山　よしのやま……………10.3km
- ●樋脇　ひわき　……………………13.4km
- ●上樋脇　かみひわき……………15.6km
- ●入来　いりき……………………18.7km
- ●薩摩山崎　さつまやまざき……… 23.4km
- ●船木　ふなき……………………26.4km
- ●宮之城　みやのじょう…………29.3km
- ●佐志　さし………………………32.4km
- ●薩摩湯田　さつまゆだ…………34.3km
- ●薩摩鶴田　さつまつるだ………36.9km
- ●薩摩求名　さつまぐみょう………40.5km
- ●広橋　ひろはし…………………43.2km
- ●薩摩永野　さつまながの………47.5km
- ●針持　はりもち…………………54.9km
- ●西太良　にしたら………………59.5km
- ●羽月　はつき……………………62.3km
- ●薩摩大口　さつまおおくち……66.1km

薩摩永野付近で鉄路と絡む穴川へ注ぐ南川。キハ52形2両編成の普通列車が渡る。鉄道橋手前の古びた欄干が連なる道路は県道黒木新地線だ。近くには紅葉の景勝地として知られる観音滝がある。沿線では柿がたわわに実をつけていた。
◎宮之城線　薩摩永野〜広橋　1981（昭和56）年11月9日

2-3 宮之城線

対向列車の到着が間近なのか、煙を高々と噴き上げ始めたC56 121号機。同機は新製直後から九州内で運用され、長らく吉松機関区薩摩大口支区に所属した。いわば宮之城線、山野線の専用機である。形式入りの大型ナンバープレートが目を引く。◎宮之城線　宮之城　1962 (昭和37) 年 1 月18日　撮影：荻原二郎

大正末期に終点として開業した宮之城駅。周辺は竹材の産地として知られており、出入り口付近の柱等に竹を用いた装飾が施されていた。電話ボックスの前にある「顔出し」のモデルはかぐや姫。宮之城線の廃止時まで駅員が常駐する有人駅だった。
◎宮之城線　宮之城　1987(昭和62)年3月

スイッチバック駅で上下の列車が交換する。宮之城線は建設に当たり、薩摩求名より現在の国道267号線と同じ求名川沿いに大口方面を目指す経路を取らず、近くに金鉱山があった薩摩郡薩摩町(現・さつま町)永野地区へ向けて舵を切った。現在の駅跡地には「永野鉄道記念館」がある。◎宮之城線　薩摩永野　1981(昭和56)年11月9日

2-3 宮之城線

大口市（現・伊佐市）の南端部に位置する針持地区。未だ夜が明けきらない山裾の小駅に大口方面へ登校する学生達がやって来た。秋の南九州とはいえ盆地の朝は冷え込む。爪入り上着の襟を閉めた姿は寒そうだった。車内は暖房が効いていたのだろうか。
◎宮之城線　針持　1981（昭和56）年11月9日

山間部の天気は変わりやすい。北側の山から湧き出した雲は見る間に大きくなって頭上の空までを被ってしまった。草いきれの中を泳ぐように走る列車へ雲間から陽光が差し込んだ。振り返ると列車は吸い込まれるように影の中へ入って行った。
◎宮之城線　羽月～西多良　1980（昭和55）年8月31日

# 宮之城線廃止時のスナップ

（全て提供：さつま町）

薩摩白浜

楠元

吉野山

樋脇

入来

入来

宮之城

# 2-4 志布志線

しぶしせん

## 山間の街と海辺の街を結んだ短絡線

### 路線DATA
起点：西都城
終点：志布志
開業：1923（大正2）年1月14日
全通：1925（大正14）年3月30日
廃止：1987（昭和62）年3月28日
路線距離：38.6km

　大隅半島の北部を縦断した鉄路。当初は軽便鉄道法の下で建設された。大正期に都城～志布志間が開業する。さらに継続して建設された志布志～北郷間も、日南線の全通までは志布志線の一部だった。また、都城～西都城は日豊本線の全通時に本線へ編入された。

　都城市の街中を南下する鉄路は末吉町（現・曽於市）を通って山間部へ分け入る。岩北駅付近からは蛇行する菱田川を辿る。伊崎田駅より伝う谷筋を乗換え、高下谷川の流れと共に志布志湾に面した平野部へ。街中で大きく進路を東に変え、鹿児島県の東端部に位置する志布志市の鉄道玄関口である志布志駅に着く。

　宮崎、鹿児島県下の中規模な都市を短絡的に結ぶ路線だったが、文化圏の異なる町同士を行き交う利用客は多く見込めなかった。末期には1日10往復の列車を運転していた。また日豊本線、志布志線、日南線経由で西鹿児島（現・鹿児島中央）～油津間を結ぶ快速「大隅」が1往復あった。第2次特定地方交通線に指定されて全線が廃止の運命を辿った。廃止後は鹿児島交通の路線バスに転換された。後に路線バスは三州自動車の運行となるが同社の解散、事業移譲を経て再び鹿児島交通による運行となった。

線路際の斜面へ上がると曲線を描く橋梁を見通すことができた。静寂の中、高らかにジョイント音を響かせて普通列車が姿を見せた。秋の気配が漂うものの南九州の山々は大半が未だ緑色。赤色を纏った気動車が紅葉に似た華やかさを山間に添えていた。
◎志布志線　中安楽～安楽　1981（昭和56）年11月11日

【駅一覧】
- ●西都城　にしみやこのじょう ……… 0.0km
- ●今町　いままち ……………… 4.3km
- ●末吉　すえよし ……………… 8.3km
- ●岩北　いわきた ……………… 14.4km
- ●岩川　いわがわ ……………… 17.2km
- ●大隅松山　おおすみまつやま …… 21.6km
- ●伊崎田　いさきだ ……………… 26.4km
- ●安楽　あんらく ……………… 33.5km
- ●中安楽　なかあんらく ………… 35.5km
- ●志布志　しぶし ……………… 38.6km

安楽駅の志布志寄りで鉄路は高下谷川、安楽川を渡る。九州では最後となったC58形牽引の貨物列車が愛好家の間で注目された頃、煙を期待できる志布志行きの列車は人気があった。穏やかな流れの水面が、薄い煙を上げて高い橋梁を渡る車影を映していた。
◎志布志線　安楽〜中安楽　1972（昭和47）年4月13日

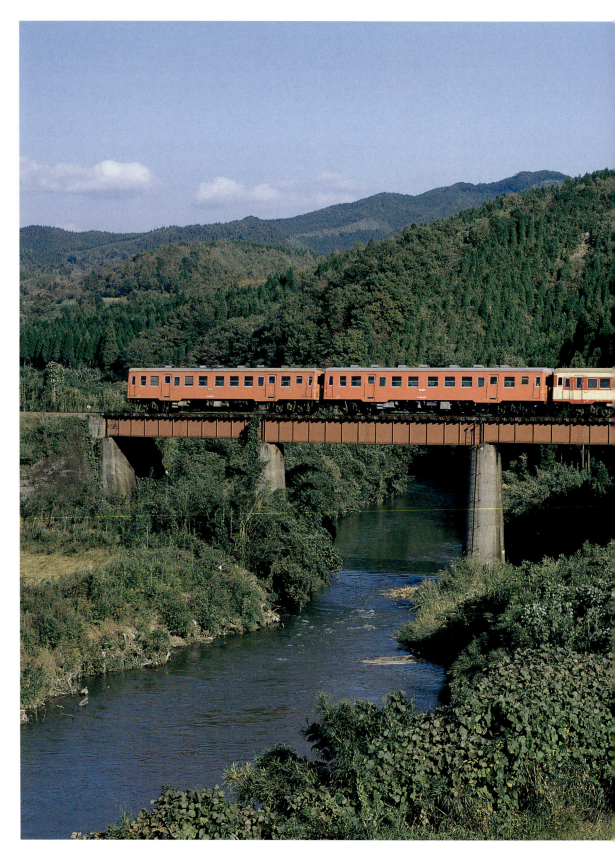

2-4 志布志線

菱田川を渡る列車に向かって山影が長く伸び始めた晩秋の景色。橋梁を渡る普通列車の中に狭窓を連ねたキハ26 400番台車が収まっていた。江戸時代まで城下町だった松山は宮田岳の西麓に栄えた山里である。町の中心部には城址が残る。志布志線は菱田川とともに町内を縦断していた。◎志布志線　伊崎田〜大隅松山　1981 (昭和56) 年11月11日

大隅半島東部の中山間地域に当たる岩北付近では、収穫された稲穂の天日干しが盛んに行われていた。蓑のようにハザ掛けされた稲が、列をつくる水田の中を横切る築堤上に列車が現れた。先頭のキハ58は旧国鉄急行形気動車色。続くキハ47は九州の地域色に塗り替えられていた。◎志布志線　岩北〜末吉　1986（昭和61）年10月

C58形の若番20号機が緩勾配の急曲線区間で貨物列車を牽引して進む。正月明けの列車は閑散路線らしからぬ長さだった。本機は1971（昭和46）年に二俣線（現・天竜浜名湖鉄道天竜浜名湖線）の遠江二俣機関区から志布志機関区へ転属。終の棲家を志布志線に求め、当路線でおよそ2年間活躍した。◎志布志線　岩川〜岩北　1972（昭和47）年1月5日

志布志線の廃止当日、伊崎田駅のホームに溢れんばかりの人が集まり、警備員が配置されている。当駅は有明町（現・志布志市）の中心駅であったが、モータリゼーションの波をまともに受け通勤客はマイカーで、貨物はトラック輸送にとって代わられた。◎提供：志布志市教育委員会

３路線のターミナルだった志布志駅。構内は現在のような行き止まり構造ではなく、東西方向に線路が延びている。画面手前には側線が何本もあり、列車運行の拠点であったことを窺わせる。縦板を貼られた木造の跨線橋が、長い歴史を持つ駅であることを物語っていた。◎志布志線　志布志　1960（昭和35）年　提供：志布志市教育委員会

志布志線の運転最終日。伊崎田駅ではホームに溢れんばかりの乗客、見物客が数少ない列車の到着を待っていた。春休みの期間中なので子どもの姿が多く見られる。駅職員、警備員がホーム端に立ち、お客へ白線の内側まで下がるように促している。緊張感漂う物々しい雰囲気だ。◎志布志線　伊崎田　1987（昭和62）年３月27日　提供：都城市

# 5-5 妻線

つません

## 始祖は宮崎駅初乗入れの鉄路

**路線DATA**
起点：佐土原
終点：杉安
開業：1913（大正2）年12月15日
全通：1922（大正11）年8月20日
廃止：1984（昭和59）年12月1日
路線距離：19.3km

　大正期に宮崎県営鉄道が開業した宮崎～福島町～佐土原～妻間の鉄道を国が買収して国有化。1922（大正11）年に妻～杉安間を延伸開業し路線名を妻線とした。第二次世界大戦下では妻～杉安間が不要不急路線に指定されて営業を休止した。運行の再開は1947（昭和22）年だった。

　佐土原より西へ進む鉄路は一ツ瀬川が育む、ゆったりとした平野部を進む。黒生野、妻と家並が重なる集落の中に小さな駅が設けられていた。前方に低い山がそびえ、地形が急峻になる手前の杉安地区で線路は止まる。さらに西へ向かう国道219号は急曲線の連なる山路となり、一ツ瀬川には杉安ダムが設けられている。改正鉄道敷設法には険しい米良街道を進み湯前線（現・くまがわ鉄道湯前線）湯前へ至る予定線が記載されていた。しかし建設工事着工には至らず、1944（昭和19）年に省営バス日肥線が設定された。

　末期には1日6往復の列車を運転していた。そのうち日中に運転する列車は1往復だった。全ての列車が日豊本線で佐土原と三駅離れた宮崎を始発終点としていた。もとより沿線人口の少ない地域へ敷設された短路線であり、廃止を前提とした第1次特定地方交通線に選出されたことは必然だった。廃止後は宮崎交通が運行する路線バスに転換された。

三財川を渡る普通列車。遠くには国見山、龍房山等の稜線が連なる。編成中2両のキハ26は準急、急行に使われていた車両。旧・国鉄急行気動車塗装のままで一般型車両と手を繋いで普通運用に就く。スタンディングウインドウを備える初期型。狭い窓の二等車からの改造車と興味深い車両が連なっていた。◎妻線　黒生野～西土佐原　1980（昭和56）年11月12日

【駅一覧】
- ●佐土原　さどわら …………………………………… 0.0km
- ●西佐土原　にしさどわら …………………………… 6.6km
- ●黒生野　くろうの …………………………………… 10.0km
- ●妻　つま …………………………………………… 13.5km
- ●穂北　ほきた ……………………………………… 16.7km
- ●杉安　すぎやす …………………………………… 19.3km

キハ26とキハ20で仕立てた4両編成は、通勤通学の時間帯に運転された列車。全ての車両が側面にスタンディングウィンドウを備える1次型である。キハ40の出現で他の一般型気動車にも赤とクリーム色の二色塗りから、朱色5号一色への塗り替えが進んでいた頃の一コマ。
◎妻線　西佐土原〜黒生野　1980（昭和55）年8月26日

切妻屋根、木造の建物だった妻駅の駅舎。駅前は未だ未舗装で出入口の至近まで外国製と思しき自家用車が乗り付けている。当駅は宮崎県営鉄道が後に妻線となった区間を土佐原から延伸開業したことに伴い1914(大正13)年6月1日に開業した。◎妻線　妻

## 2-5 妻線

路線が杉安へ延伸されるまで、妻駅は妻軽便線の終点だった。現在も米良街道が縦断する街中には市役所が置かれ、西都市の中心となっている。妻線の中でも拠点駅であり、単行の気動車から多くの人が降りて来た。ホームには荷車が置かれ、小荷物が車内から運び出されていた。
◎妻線　妻

宮崎行きの列車を待つお客で朝のホームは賑わっていた。半円形の個性的な顔立ちをした気動車キハ07が単行で入線して来た。ホーム横の側線はレール面に輝きはあるもののレールの間は草生しており、あまり使われていない様子である。◎妻線　妻

2-5 妻線

木材の集積地として賑わった妻線の終点杉安は、貨物輸送が下火に転じ始めた昭和30年代に入っても広々とした構内を保っていた。駅舎の傍らには気動車に積み込まれる小荷物が置かれている。画面左手に愛嬌のある面立ちの専用線用ディーゼル機関車とホッパ車が見える。
◎妻線　杉安　1962（昭和37）年1月16日　撮影：荻原二郎

佐土原市街地の北側を流れる一ノ瀬川には、河口近くに多くの支流が流れ込んでいた。川の南岸を進む妻線は、西土佐原と黒生野の中間付近で三財川を渡る。コンクリート製の橋梁は現在、濁川橋の名称で自転車道に活用されている。
◎妻線　黒生野～西佐土原　1980（昭和55）年8月26日

2-5 妻線

3両編成の気動車から湧き出すように大勢の学生が降りて来た。地方路線の朝ではお馴染みの光景だが、この場面では2種類の制服を着た女子が利用客の大半を占めているように映り男女の割合が興味を惹く。もうすぐ路線が廃止されるようには見えない眺めだ。
◎妻線　1984（昭和59）年　提供：西都市

廃止の日を迎え式典が執り行われた妻駅。何台ものテレビカメラがある前で敬礼するのは子どもの一日駅長。惜別列車は出発式の最中だろうか。その後ろでは地元関係者と思しきネクタイ姿の御歴々が笑みを浮かべる。それと対照的に垣間見える乗務員の口元が緊張した面持ちに見える。◎妻線　妻　1984（昭和59）年11月30日　提供：西都市

2-5 妻線

キハ07が単行で運転していた頃の妻駅。大勢の利用客が決して大容量とはいえない車両に乗り込もうとしている。その中には幼児を背負った女性の姿も見える。ホームは両側面がコンクリート等で更新された様子だが、内側部分は土が入れられただけで未舗装の状態である。◎妻線　妻　提供：西都市

妻線で路線名にもなっていた妻駅。路線内の主要駅であり、構内の近くには数階建てのビルが建つ。この写真が撮影された当時は列車交換が行われ、ホームの両側が使用されていたようだ。しかし、線路周りに薄く撒かれたバラストは、閑散路線であることを示しているか模様である。◎妻線　妻　提供：西都市

# 2-6 大隅線

おおすみせん

## 桜島を眺めつつ大隅半島を周遊

**路線DATA**
| | |
|---|---|
| 起点：志布志 | |
| 終点：国分 | |
| 開業：1915（大正4）年7月14日 | |
| 全通：1972（昭和47）年9月9日 | |
| 廃止：1987（昭和62）年3月14日 | |
| 路線距離：98.3km | |

　大隅半島の東西沿岸部を結ぶ鉄路の建設は、半島の中央部に位置する鹿屋町（現・鹿屋市）付近から始まった。大正期に南隅軽便鉄道が軌間762mmの路線を高山（後の大隅高山）〜鹿屋間を開業。翌年には大隅鉄道と社名を変更し、大正時代中に路線の東側は古江、西側は高須（後の大隅高須）まで延伸された。大隅鉄道は1935（昭和10）年に国の買収を受け串良〜高須間を古江線とした。同年に志布志〜東串良間が古江東線として開業。それに伴い古江線は古江西線と改称した。翌年には東串良〜串良間が延伸開業。その後、串良〜古江間が1067mmに改軌されて志布志〜古江間が1本の鉄路となり古江東西線を統合して古江線となった。古江より国分方の区間が開業したのは、日本が高度経済成長期に入ってからのことだ。古江〜海潟（後の海潟温泉）間。海潟温泉〜国分間が11年の間隔を空けて開業。国分延伸の全通を以って路線名を大隅線とした。

　志布志より半島の中央部に開けた平野部を横切る。鹿屋を過ぎると線路はヘアピン状の急曲線を描き、海上自衛隊鹿屋航空基地の南側を通る。西方へ進んで高須海岸付近で鹿児島湾の沿岸へ出る。海岸部をなぞって北上。垂水付近から桜島が車窓を飾る。敷根付近から内陸部へ入り、終点の手前で大きに西方へ曲がって日豊本線と共に国分駅へ入って行く。

　1968（昭和43）年に赤字83線に挙がりながらも延伸工事が継続され、全通に漕ぎつけた路線である。しかし第2次特定地方交通線にも指定され全通から15年で全線が廃止された。廃止後は路線バスに転換されて国鉄バス、JR九州バス、鹿児島交通、大隅交通ネットワークと引き継がれた。近年では路線の縮小傾向から、運行が廃止された区間が多い。

河川敷にはケイトウの花が咲いていた。起点の志布志駅から大隅線へ走り出した列車は、志布志湾沿いの平野部を進む。隣駅の菱田へ至る間に、河口付近で川幅が広くなった安楽川、菱田川を渡る。3両編成のキハ20はいずれも旧国鉄末期に見られた朱色5号の一色塗りだ。
◎大隅線　菱田〜志布志　1980（昭和55）年8月27日

【駅一覧】
- ●志布志　しぶし ……………… 0.0km
- ●菱田　ひしだ ………………… 5.5km
- ●大隅大崎　おおすみおおさき … 9.35km
- ●三文字　さんもじ …………… 10.5km
- ●東串良　ひがしくしら ……… 16.2km
- ●串良　くしら ………………… 16.8km
- ●下小原　しもおばる ………… 19.0km
- ●大隅高山　おおすみこうやま … 21.5km
- ●論地　ろんじ ………………… 23.9km
- ●吾平　あいら ………………… 25.7km
- ●永野田　ながのだ …………… 27.2km
- ●大隅川西　おおすみかわにし … 29.0km
- ●鹿屋　かのや ………………… 32.0km
- ●大隅野里　おおすみのざと …… 37.1km
- ●大隅高須　おおすみたかす …… 41.0km
- ●荒平　あらひら ……………… 44.9km
- ●古江　ふるえ ………………… 47.8km
- ●新城　しんじょう …………… 51.8km
- ●諏訪　すわ …………………… 53.3km
- ●柊原　くぬぎばる …………… 56.4km
- ●浜平　はまびら ……………… 59.1km
- ●垂水　たるみず ……………… 61.6km
- ●海潟温泉　かいがたおんせん … 64.8km
- ●大隅麓　おおすみふもと …… 69.7km
- ●大隅辺田　おおすみへた …… 72.5km
- ●大隅二川　おおすみふたがわ … 75.7km
- ●大隅境　おおすみさかい …… 79.3km
- ●大廻　おおめぐり …………… 85.5km
- ●大隅福山　おおすみふくやま … 88.6km
- ●敷根　しきね ………………… 91.9km
- ●銅田　どうた ………………… 94.4km
- ●金剛寺　こんごうじ ………… 96.3km
- ●国分　こくぶ ………………… 98.3km

志布志市の郊外で菱田川を渡る普通列車はキハ47の2両編成。1977 (昭和52) 年より大量に製造された同系車両が全国に勢力を伸ばしていた頃の姿だ。屋上や足回りの状態から新製後間もないと思われる車体が、斜光を受けて輝きを放った。
◎大隅線　志布志〜菱田　1981 (昭和56) 年11月11日

幼子を背負った男性が畑の中で汽車を見送っていた。その傍らには赤い帽子を被った子どもの姿も見える。いつの時代でも鉄道は子ども達にとって身近なヒーロー。その反面、地方路線の廃止は沿線住民から鉄道を遠い存在にしていった。◎大隅線　東串良～三文字
1972 (昭和47) 年12月9日

## 2-6 大隅線

志布志湾に近い大崎町周辺には畑作地が広がる。沿線では大根の収穫作業が行われていた。桜島山麓ではカブのような形をした大きな桜島大根が特産品として知られるが、大隅半島の東側では一般的な大根が栽培されていた。◎大隅線 東串良～三文字 1972（昭和47）年12月9日

2-6 大隅線

古江は大隅鉄道によって鉄道がもたらされた鹿児島湾東岸の町。線路は海岸部をなぞるように敷設されていた。日の入りが間近となった頃、山裾に気動車列車が斜光を浴びて現れた。遠くでは桜島が噴煙を長々とたなびかせていた。
◎大隅線　古江〜荒手　1981（昭和56）年11月10日

海潟温泉〜国分間の延伸開業を以って大隅線は全通した。花で飾られたヘッドマークを掲出したキハ26が誇らしそう。開業式典ではホームでくす玉が割られ、列車の正面近くでテープカットが執り行われた。当区間の開業で大隅半島の北部を一周する鉄路が完成を見た。◎1972（昭和47）年9月9日
提供：垂水市

鹿児島湾にほど近い大隅福山周辺だが、大隅線の延伸区間は地区東側の内陸部を通っていた。線路の周辺は木々で被われ山間部のような雰囲気に包まれていた。軽やかにジョイント音を響かせて走って来たのはキハ17。昭和50年代中頃までの主力車両である。◎大隅線　大隅福山
提供：霧島市教育委員会

## 2-6 大隅線

大隅半島を横断する大隅線は大正生まれの軽便鉄道が発祥である。1972（昭和47）に全通したものの、四半世紀も経たない1988（昭和63）年に全線が廃止されてしまった。つまりこの画像の15年後の出来事で平成時代の訪れる前であった。
◎提供：霧島市教育委員会

1980年代に廃止案が具体化するにつれ、大隅線の存続運動が沿線住民を中心に起こった。休日には「国鉄ローカル線を守ろう」と描いたタスキを掛けた団体客が乗車して路線の存続を訴えた。普段は静かな駅前がつかの間の喧騒に包まれた。◎大隅線　垂水　1982（昭和57）年　提供：垂水市

気動車の団体用車両等による惜別の列車が運転された大隅線の運行最終日。乗客と線路際で見送る女子をテープで繋ぐ。客船の出航さながらに色とりどりのテープが舞う中、今日1日だけの特別列車は名残を惜しむかのように、ゆっくりとホームを離れて行った。
◎大隅線　1987（昭和62）年3月13日　提供：垂水市

163

大隅半島の中央部にあり、地域の中核都市となっている鹿屋市。古江線（後の大隅線）は市内を横断するかたちで半島の東西を結んでいた。乗降客で賑わう鹿屋駅のホーム。二重屋根の客車が停まり、その傍らに頬被りにスカート、草履姿の女性が見える。古さと新しさが交錯する昭和30年代の情景だ。◎大隅線（撮影時・古江線）　鹿屋　1961（昭和36）年8月10日　撮影：荻原二郎

大隅半島と桜島が繋がる付け根部分に位置する海潟。海潟駅は1961（昭和36）年4月13日に古江線の古江〜当駅間延伸開業に伴い開業した。写真からは開けた田園地帯にある小駅のように見えるが付近には海水浴場や温泉地があった。
◎大隅線（撮影時・古江線）　海潟　1961（昭和36）年8月10日　撮影：荻原二郎

2-6 大隅線

1961（昭和36）年に開業した垂水駅。ホームからは西方に噴煙を上げる桜島を望むことができた。廃止時には開業から四半世紀ほどが経過していた。長い歴史を刻んで来たようには思えない時間だが、ホームには何回も改修されたと見られる痕跡がある。
◎大隅線　垂水　1987（昭和62）年3月　提供：垂水市

列車運行の最終日には途中駅でも大小の式典が執り行われた。東串良駅では地元の子どもが集まって運転士を労った。制帽制服姿の乗務員に掛けられた折り鶴のレイが手作り感のある暖かな雰囲気を醸し出していた。この子たちは近くに鉄道が走っていた日を、今も覚えているだろうか。◎大隅線　東串良　1987（昭和62）年3月13日　提供：東串良町

惜別のテープがホームに舞った。普段着のままで駅に駆け付けた近所の人達が思い思いにカメラを構える。にわかに賑わいを見せたホームを横目に朱色のキハ20はいつもと変わらない姿で淡々と発車して行った。しかし車両の後方では車掌氏が普段以上の笑顔で小さく手を振っていた。◎大隅線　東串良　1987（昭和62）年3月13日　提供：東串良町

165

# 市史・町史に登場する鉄道

## 芦屋鉄道（芦屋市史）

　芦屋町では早くから遠賀川・折尾方面に通じる交通機関の設置が考えられ、町会でも取り上げられたが、町として実現するには種々の困難があった。町内の有志たちが発起して、明治44年（1911）11月27日、芦屋軌道株式会社を設立し、芦屋・遠賀川間の軽便鉄道敷設に乗り出すことになった。資本金は7万5000円である。代表取締役に久野三（香月）が就任し、取締役は塩田久次郎・桑原伝次郎・吉田徳蔵・塩田久右衛門・田中新の5名、監査役は梶山彦次郎・大音加一郎・小田伊平の3名であった。県に出願して免許が下りたのは、大正元年（1912）9月3日である。幹部たちは借入れ資金・用地買収その他で奔走した。同年12月25日、芦屋鉄道株式会社と名義を改めた。

　翌大正2年（1913）2月4日、株主総会がひらかれ、代表取締役久野三から芦屋町に軌道敷設についての申請書が提出された。3月14日の町議会にこの問題が上程され、全会一致で可決された。4月25日、株主総会がひらかれ、同月27日には鉄道用地の地主との協議会が持たれた。駅舎の位置・施設・機関車・器材の購入などについて協議が重ねられた。機関車は若松在住の吉田磯吉に依頼して、若松の石川島造船所で製作してもらうことにした。西芦屋駅（現在幸町）から遠賀川駅まで距離3哩61鎖、軌間2尺6寸、駅は西芦屋・東芦屋・浜口・島津・松ノ元・遠賀川の7駅を設置することにした。

　大正3年（1914）4月25日、株主総会をひらいて諸般の準備をすすめ、同年10月19日起工式典を挙行した。10月24日、芦屋鉄道株式会社定期総会をひらき、鉄道営業の準備を進めた。工事は着々と進められ、大正4年（1915）3月中旬、全軌道が完成した。総工費は9万9,741円であった。3月22日、試運転が行われ、町内有志や鉄道関係者などを招待して試乗させた。開通式が挙行されたのは4月12日である。翌13日から運転、営業を開始した。芦屋鉄道の事務所は市場町光明寺の下に設置され、福田治右衛門が専任として事務をとった。

　機関車に連結する車輛は、平日は客車1輛・貨車1輛であったが、夏の海水浴季節には客車2輛編成で運転した。旅客運賃は西芦屋駅から遠賀川駅まで大人片道15銭で、1日6往復だった。

　芦屋鉄道開通以来、西芦屋駅の駅長を勤めていた中西又右衛門（中ノ浜）は、次のように語っている。

　開通式は花火など打ちあげ、各区で花車を出し、西芦屋駅を中心に全町をあげてのお祭り騒ぎだった。駅長や駅員のいるのは東芦屋・西芦屋・遠賀川の3駅だけで、あとは無人駅だったが、列車には常務車掌が乗りこんでいたから、乗客にめいわくをかけることはなかった。西芦屋発の1番列車は朝6時50分ころに出ていた。運賃は片道15銭だったのが少しずつ上がり、鉄道が廃止になるころは28銭になっていた。芦屋鉄道がさかんだったのは大正10年ころで、海水浴客や旅行客で列車はいっぱいだった。大正6、7年だったと思うが、大国座で松井須磨子一座の公演があり、須磨子が一座をひきつれ、博多から遠賀川で下車して、芦屋鉄道で芦屋町に乗りこんできた。演し物はカチューシャだったと思う。

　また小川健次郎は少年時代の思出を次のように語っている。

　一番印象に残っているのは、鬼津の若松の登り坂である。機関車の馬力が足りないのか、シュッシュッポッポと喘ぎながら登っていても、ときどき登り切れずに停ってしまい……遂には車掌が乗客に下車してもらって後押しを頼む。みんなで力を合わせてワッショイワッショイと汽車の後押しをして、やっと峠につくと客は又汽車に乗る。……汽車賃を払って後押しをした話は、今も笑い話である。

　大正8年（1919）11月30日、芦屋鉄道株式会社の役員改選が行われ、田中幾太郎が代表取締役に就任した。取締役は戒湯敏郎・坂田福太郎・平野幸太郎・小田利三郎・入江八郎である。「芦屋の浜」（大正13年刊）には、芦屋鉄道は創立当時から経営難であったが、現在、代議士吉田磯吉を取締役社長に迎え好転しつつある、と記している。当時の専務取締役は戒湯敏郎、取締役は小田利三郎・坂田福三郎・平野幸太郎・監査役が塩田為次郎であった。しかし、やはり営業は不振で、芦屋鉄道株式会社が法的に解散したのは、昭和6年（1931）10月27日であった。

# 宮田線の開業（宮田町史）

　明治に入り封建的諸制約の廃止と中央集権国家の成立は交通網の整備を急速に押し進めた。海上交通においては蒸気船や大型帆船の建造が進められ、陸上においては道船網の整備と鉄道建設が促進された。

　福岡県における鉄道は明治21（1888）年の九州鉄道会社の創設に始まる。翌22年には、筑豊興業鉄道会社が設立された。

　この鉄道は、当時成長を続けていた石炭鉱業のネックとなっていた輸送面を克服するため、筑豊五郡の有志者より発起・設立されたが、23年の不況等に起因した株金の払込停滞、工事の遅延、郡代表者という素人経営陣等により、路線開通が大幅に遅れた。そのため、地元産業資本家及び中央財閥・華族資本より会社改革の火の手が上がり、24年に経営陣の交代となった。結局24年8月にいたり若松・直方間が開通した。その後、飯塚・赤池・山田と路線を伸ばし、経営も順調に進んだ。明治30（1897）年には九州鉄道との合併をみるに至った。この鉄道の開通により、石炭生産の拡大と共に筑豊の石灰鉱業は更なる発展を遂げた。

　筑豊興業鉄道の開通は、単に石炭輸送のみでなく、労働力の移動、その他の商品流通の活性化をもたらしたのはいうまでもなく、前項で述べたところである。しかし、この鉄道が宮田まで伸びたのは九州鉄道になってからであり、その敷設も貝島炭坑の手によって行われた。なお、貝島太助は筑豊興業鉄道の創立期には120株（1株50円）を所有しているが、資金難にためか23（1890）年に手放している。また、旧四郎丸村の古野惣五郎は鞍手郡代表の常議員（取締役）であったが、同23年に改選されている。当時大炭坑には運炭のための支線が次々引かれていたが、宮田まで延長されず、貝島は29年に万ノ浦炭坑を手にいれており、生産増加に見合った輸送が求められており、やむなく自ら敷設するに至った。明治32年貨物輸送線として笠松－勝野間の免許を受け、32年に桐野－勝野間が起工され、翌34年2月に竣工、開通した。35年には九州鉄道に譲渡され、桐野貨物駅が開業し、45（1913）年に旅客営業を開始した。また、37年に菅牟田貨物駅が開業し、43年には桐野・菅牟田両線の分岐のため信号所が設置され、45年そこに旅客乗降場が設置され、旅客営業のみの磯光駅が生まれた。

　なお大正15（1890）年には長井鶴・桐野間に貝島専用鉄道が敷設されている。

# 鞍手軌道（鞍手町史）

　明治45年に福丸・直方間の旅客輸送のための軌道会社が設立された。鞍手軌道株式会社である。社長青柳郁次郎、資本金30万円で44年に設立認可を受け、45年設立、大正3年一部開通、4年に福丸－直方間が全線開通した。

　鞍手軌道株式会社に関する史料を発見することができず、その実態を明らかにすることができなかったが、『鞍高70年史』（県立鞍手高等学校）に次の様な回想が掲載されていた。

　軌道というのは軽便鉄道のことで、当時、これに類するものとして、県内には遠賀川駅から出ていた芦屋線と二日市駅からの太宰府線があった。

　軌道車は形こそ小さいが一人前の蒸気機関車で、石炭を燃やし、煙突をつけていた。客車は北九州市を走る電車より小型で、1輛だけ連結されていたが、無理すれば100人くらい詰めこまれる大きさで、車体は木製であった。昭和3年に、この客車は「きじ」と呼ばれる鉄製の自動車型ディーゼルエンジン車に変った。青色に塗装された定員36人の、レールの上を走る自動車であった。

　この軌道は、直方と宮田・若宮を結ぶ唯一の交通機関であり、軌道の直方駅は現在の国鉄バス直方営業所とマルショク西隣りの飲食店の間にあった。軌道の線路跡は現在は小道になって知古に通じ、さらに犬鳴川沿いに西に向って走っている。知古からは天神橋・新入・鴨生田を通り、犬鳴川の鉄橋を渡り、龍徳・本城・田渕・宮田・羅漢・長井鶴・芹田橋・金丸・福丸終点に達する。この終点の位置は現在、国鉄バス福丸営業所になっている。

# 香月線廃止を決議（中間市史）

　筑豊の鉄道は、元来運炭線、すなわち石炭を運ぶ貨物線として建設された。石炭産業の終焉は、炭鉱労働者を失業させるとともに、こうした運炭線としての鉄道の赤字化に拍車をかけた。貨物輸送を廃止したあとも、旅客輸送でなんとか息をついできた地方鉄道ではあったが、昭和30年代のモータリゼーションのなかで財務体質をさらに悪化させることとなった。こうして、「赤字ローカル線廃止問題」が政治的に浮上し、問題化してきたのである。

　昭和43年9月4日、日本国有鉄道諮問委員会は、2821億円の累積赤字を抱え、経営危機に直面した国鉄の再建方策に関し、「ローカル線の輸送をいかにするか」についての意見書を石田国鉄総裁に提出した。そのなかで、全国242線区（2万0800キロメートル）のうち、香月線など83線区（2600キロメートル）を自動車輸送にゆだねて廃止することが適当とし、早急な実施を勧告した。香月線のほか、九州で廃止線区とされたのは、室木・幸袋・香椎・勝田・岸嶽・世知原・臼ノ浦・佐賀・矢部・宮原・添田・高森・日ノ影・細島・妻・湯前・山野・宮之城・日南・古江・指宿枕崎の21線区である。筑豊や長崎など、旧産炭地域でかつて石炭輸送に利用された延長15キロメートル未満の短い支線が9線区を占めているが、香月線（香月－中間）は3・5キロメートルと、細島線（日向市－細島）と並ぶ九州最短路線であった。

　　　　　　　　（中略）

　昭和44年11月30日、幸袋線（小竹－二瀬）が全国で廃止第1号として姿を消した。それに続く第2弾として、国鉄九州支社は、岸嶽（佐賀）・世知原（長崎）・臼ノ浦（長崎）・細島・香月の5線区の廃止計画を進め、「昭和46年春までの廃止」を目標にして地元との交渉を行うこととした。昭和46年中に他の線区が次々と廃止されるなかで、香月線は中間市が廃止に賛成しているものの、北九州市八幡区香月町の住民の反対が強く、難航した。香月線は、明治41年に石炭輸送のために開設されたが、石炭産業の斜陽化から貨物輸送は激減、昭和43年の大辻炭鉱の閉山で乗客輸送だけになったものである。45年当時、1日上・下線計21本が走っていたが、終点香月駅の乗降客数は1日約600人で、営業係数は640という、典型的な赤字ローカル線であった。

　その後、昭和47年「日本列島改造論」を掲げて登場した田中角栄内閣により、ローカル線廃止の動きは停滞し、かえってローカル線の開業を進めるなど、国鉄の財政体質はますます悪化の一途をたどった。昭和50年度末の累積赤字は約3兆円を超え、そのうち4割の1兆3000億円がローカル線から生じていた。そこで、52年7月、「廃止」を議論のテーブルにあげるため、地元住民と個別に話し合う「地方交通協議会」を福岡県など6県に設置することになった。

　　　　　　　　（中略）

　昭和58年8月には、国鉄再建監理委員会（亀井正夫委員長）が、国鉄再建のための緊急措置についての提言を中曾根首相に提出した。提言は、国鉄の危機的な状況を強調し事態の悪化を防止するための緊急措置として、赤字ローカル線の廃止促進、手・小荷物の全廃、地域別運賃の導入などが盛り込まれた。この提言に対して、「第1次廃止対象の40路線を全廃しても国鉄の赤字解消率の1.5パーセントにしかならない」といった反論もあったが、民間活力の導入という「中曾根臨調路線」に基づく政策決定においては、まったく無視されるにすぎなかった。のらりくらりの協議会に業を煮やしていた国鉄当局は、これに勢いづき58年度中の廃止実現に向け、不退転の決意で臨むことになり、対象線区についてバス転換か第3セクターによる鉄道存続の双方の具体案を提示、同年度をタイムリミットに、地元に二者択一を強引に迫った。いわば「最後通牒」ともいうべき方針であるが、昭和58年に奥田八二革新県政が誕生してからは県の態度も消極的になり、香月、室木、添田の3線は実質的な話し合いができないままにおかれた。59年6月には、第2次廃止対象として、九州では漆生線・上山田線など9線区が正式承認され、第1次分と合わせると、九州の国鉄網の21パーセントのレールが姿を消すこととなった。

　　　　　　　　（中略）

　昭和60年3月31日、香月線を含め福岡県内では赤字ローカル線5線が、この日限りでいっせいに姿を消した。香月線の香月駅と中間駅には、それぞれ午後からの記念式典に国鉄、地元関係者など

200人が集まった。香月駅ホームには、午後2時19分に4両編成の「さようなら香月線号」が到着、国鉄の代表が「かつては石炭運搬線として日本経済を支えた路線だが、廃止を余儀なくされることになった。長い間ご利用ありがとうございました」と別れの挨拶を行った。折返し2時40分、「蛍の光」のメロディのなか、この日ばかりは鉄道ファンで超満員のさようなら列車は香月駅を出発、目的地の中間駅に向かった。明治41年に営業運転を開始してから、77年目の終焉であった。昭和63年11月、市制施行30周年記念事業として香月線跡地の一部、430メートル（香月線区の12.3パーセントに相当する）が「屋根のない博物館」としてよみがえった。廃止に関する協議会において、木曽市長が約束していた「香月線を廃止してよかったといわれるような街づくり」が、こうして実現されたのである。廃止から2年後の62年4月1日、国鉄は民営化され、日本旅客鉄道（JR）に改称、地域住民切り捨て路線を新幹線級のスピードで走り出すこととなった。

# 鶴田町史

　明治25年（1892）鉄道敷設法が公布され、重要鉄道敷設計画が発表されたが、本県の工事は第2期に計画されていた。このことについて、政府に猛烈に請願し第1期工事にくりあげられ、明治28年門司－八代間、明治30年八代－鹿児島間を起工して、明治35年竣工と決定されたが、起工は2年延び、明治32年鹿児島から、明治34年八代の両方から着工された。明治34年6月、鹿児島－国分（隼人）間が開通し、続いて、明治36年1月、国分－横川間、同年9月には、吉松まで開通した。このあと、日露戦争のため工事は中断したが、明治39年になって再開され、明治42年（1909）11月、八代－鹿児島間が開通した。これで鹿児島から東京まで汽車の旅ができるようになった。
　大正3年、鹿児島－川内間が開通し、同12年に米ノ津まで延び、昭和2年、鹿児島－八代間が全通した。これで新線を鹿児島本線と呼び、吉松回りは肥薩線と改称された。九州縦貫鉄道を鹿児島本線と呼ばれるようになった。栗野－山野間（山野線）は、大正7年着工して大正10年9月12日開通した。
　国鉄宮之城線は、鹿児島本線川内駅から宮之城・鶴田を経て大口駅に至るもので、大正13年12月樋脇駅まで、同15年5月、入来、山崎、宮之城まで開通した。宮之城－大口間は、昭和10年永野駅まで開通し、鶴田駅は昭和9年7月から営業を開始した。
　鶴田ダム建設工事が昭和36年7月7日に開始されると、建設に必要な資材は、その大半を鶴田駅発着で輸送されることとなり、構内には、九州地方建設局専用側線が新設された。（昭和39年12月3日には、ダム資材到着完了につき、専用線は撤去された。）

# 大口市史

　現在の鹿児島本線が八代まで開通したのは昭和2年(1927)であるが、このときこれが鹿児島本線となり鹿児島－隼人－吉松－八代までの鹿児島線は肥薩線と改称された。鹿児島線(現在の肥薩線)が開通すると、伊佐郡民は一丸となり私鉄の会社を設立しても鉄道を誘致しようと運動をはじめた。明治45年7月には鉄道院佐橋技師ら測量班の現地踏査にこぎつけ、地元選出の児玉好熊代議士(伊佐郡本城村)岩切太郎吉議会議長(山野村)をはじめ都会議員や各村の総力を挙げての運動が功を奏し、大正8年(1919)7月着工、同10年9月完工した。はじめ栗野・大口間が予定されたが、のち山野まで延長することに計画変更されたもので、総建設費は149万3470円70銭3厘、1マイル当たりの建設費は10万2292円50銭であった。

　国鉄山野東線(栗野・山野間)は大正10年9月11日開通したが、同日西水流競馬場(現総合運動公園)では都民待望の鉄道開通を祝う祝賀会が挙行された。当時の鹿児島新聞は

「当日の人出は伊佐郡開びゃく以来でその数3万。町は人を以って埋もれ、街道は交通困難。全町国旗を掲げ装飾をほどこし、停車場には大アーチを設け広場には、大仕掛けの見世物を建て連ね盛装した村娘・村童老人がアリの集まるように集まった。」

と報道している。当日は沿線住民あげての旗行列で祝賀会に華を添えた。

　　　　　　　　　(中略)

　開通当時の運転回数は5往復、山野・栗野間が1時間山野・鹿児島間は3時間を要し、運賃も山野・薩摩大口間2等賃金19銭、3等賃金で9銭。また、鹿児島まで2等賃金2円66銭、3等賃金1円30銭であった。国鉄の開通は大口地方の産業・経済面に直接影響を与えた。当時、栗野駅を経て郡内に移入していた肥料・食塩和洋酒類・鮮魚・砂糖・その他の貨物は1万70トンといわれたが、これらの貨物の積卸しが地元の駅でおこなわれ、一方、山野・薩摩大口の両駅で移出される木材・木炭・米穀・その他の貨物2万3000トンの集散が容易となった。国鉄の開通を契機に駅前には運送店・移出米検査所・製材工場・商店・金融機関も進出、賑いをみせた。

　山野－薩摩布計間が開通したのは昭和10年(1935)12月20日。また、山野線が水俣まで全線開通したのは昭和12年(1937)12月12日のことで、宮之城線(川内・薩摩大口間)の全線開通と同時に開通式がおこなわれた。

　支那事変がはじまると、出征軍人の見送りや遺骨の出迎え等で駅頭は毎日賑わいをみせたが、やがて太平洋戦争も終盤を迎える頃になると、軍需品の輸送が優先され列車の運転回数も石炭や燃料の節約で減少、駅員も応召で人手不足が目だち、出札掛など男子から女子に変っていった。

　太平洋戦争直後は、機関車や車両の不足から本線・ローカル線とも運行は大幅に削減された。これに加えて復員軍人や疎開者の移動、外地からの引揚者、戦後の食糧不足による農村部への買出し客でごったがえしの毎日がつづいた。車両は老朽化したオンボロ車で、車内は人と荷物で混雑し、定刻通り運転されることは稀という状態がつづいたが、それでも唯一の交通機関としてなくてはならない存在だった。

　昭和29年当時の運転回数は山野線・宮之城線とも1日6回12往復。客貨混合2両連結の蒸気機関車がはしり、鹿児島まで3時間、熊本までおよそ4時間を要した。昭和33年になると一部ディーゼル化され、同37年には全線ディーゼル化が実現。運転回数も一躍1日12回24往復となり、北薩と宮崎を結ぶ準急「からくに」も往復する画期的な改正がおこなわれ、所要時間も大幅に短縮された。

　しかし、一方では赤字路線の経営合理化がすすめられ駅の無人化・貨物の集約輸送、果ては赤字路線廃止の動きも見られた。昭和44年、国鉄のこうした動きに対し、路線沿線の各市町では「山野・宮之城線廃止反対協議会」を結成、猛烈な反対運動が展開された。

# 筑穂町史

九州では、明治20年(1887)に九州鉄道株式会社が設立され、明治40年(1907)に国営となった。22年に博多～久留米間が開通したのが最初で、その2年後には門司～熊本間が開通している。

筑豊地方では、筑豊興業鉄道株式会社が明治27年(1894)に筑豊鉄道株式会社と改称し、明治30年には九州鉄道株式会社と合併し、若松～直方間が開通したのを皮切りに、嘉飯山地区でも次のように鉄道が敷設されている。

明治25年(1892)10月　直方～小竹間開通
明治26年(1893)7月　小竹～飯塚間開通
明治27年(1894)12月　小竹～幸袋間開通
明治28年(1895)4月　飯塚～臼井間開通
明治29年(1896)4月
　若松～飯塚間の複線化完了
明治33年(1900)1月
　幸袋～二瀬間開通(幸袋線)
明治34年(1901)
　臼井～上山田間開通(上山田線)
明治34年12月
　飯塚～長尾(現桂川駅)(長尾支線)
明治35年(1902)6月
　上三緒～山野間開通(山野線)
大正2年(1913)8月
　上三緒～漆生間開通(漆生線)

このように嘉飯山地区のすみずみまで鉄道が敷設されたのは、石炭を鉄道によって大量に輸送するためであった。

藩政時代には、上納米を天道から「川ひらた」に積んで穂波川を下っていた、幕末の頃から川ひらたは唯一の石炭輸送機関となり、芦屋や若松まで搬送するようになった。明治時代になると川ひらただけでは対応できなくなり鉄道による陸運に転換されたのである。明治時代中頃に川ひらたは700艘に達していたが、大正時代以降は鉄道に追われ昭和時代の初期には利用されなくなった。

## 長原線の開発

筑豊線が飯塚から延びたおよそ20年後の大正9年(1920)になって、ようやく筑豊と筑後を鉄道で結ぶことが決定された。

大正11年(1922)から測量がはじまり、15年(1926)から路盤工事がはじめられ、2年後の昭和3年(1928)7月15日に長尾～内野間が開通した。内野～原田間14.9kmは冷水トンネル工事が難行し、やや遅れたが昭和4年5月に工事が完了し12月に長原線が全線開通し、若松～原田間は筑豊本線と改称された。

## 篠栗線の開通

篠栗線が開通するまでは、筑穂町から博多方面への往来は国鉄を利用して原田(筑豊線)で乗り換えて鹿児島本線で行くか、西日本鉄道バス(西鉄)で八木山峠を越えて行く方法しかなかった。筑豊地区の発展のためには福岡市と筑豊地区との直結が肝要であるとされ、昭和31年(1956)に筑穂・桂川・碓井・嘉穂・篠栗の関係5カ町で篠栗線建設協議会が設立された。やがて、関係17市町による促進期成会へと発展し、既設の篠栗線を延長して桂川駅とを結ぶ新線建設要望となった。およそ8年の歳月を経て昭和43年(1968)5月25日篠栗線は筑豊線と連結した。そのため、嘉飯山地区はもちろん田川地区からの福岡市への通勤通学が可能となった。筑穂町内に大分・九郎原駅が設けられた。特に、九郎原駅設置にはトンネル工事とのかかわりもあって、内住地域の人たちの要望があって実現したと言われている。

## 貝島鉱業の引込線

大正7年(1918)貝島鉱業は、当時の大分村に大分鉱業所笹江坑を開坑し石炭採掘を行なった。石炭を積み出すために長尾駅(現在の桂川駅)から笹江坑まで専用引込線を敷設した。しかし、この大分鉱業所は大正10年(1921)に閉鎖し引込線も撤収されたが、篠栗線の桂川駅から大分駅間の道床はその引込線の道床上に設定されている部分が多い。

# 高千穂町史

　明治29年と云えば、日清戦争が終結した翌年にあたる。延岡、熊本間を鉄道で結ぼうとする住民運動はこの頃から形の上に現われ、為政者及び有識者の間で陳情請願運動が展開されたのである。これらの運動が稔り、大正10年5月、立野、高森間について測量に着手され大正11年4月には、鉄道敷設法の施行と同時に熊本、延岡間を国定鉄道網として指定されたのである。又、時を同じくして、高森線即ち、立野、高森間の敷設工事に着手され、昭和3年2月開通をみたが、その間財政緊縮の理由で工事打切りの状況に遭遇するなど、必ずしも順調な進捗とはいえないとしても、その都度強力な陳情運動により立野、高森間17.7粁の路線をおおよそ6年の歳月により、竣工せしめることができたのである。

　大正の末期からは陳情活動も本格化し、延岡、高千穂、高森間鉄道速成同盟会。高延鉄道速成会などの団体を結成し、住民運動として強力な運動を展開した。これらの強力な運動展開の結果、昭和7年10月延岡、日之影間の鉄道敷設工事に着手されたが、地元出身であり衆議院議員であった田尻藤四郎、高千穂町長をはじめとし、延岡市長、北方村長、七折村長、岩井川村長、岩戸村長、上野村長、田原村長など沿線市町村長、議会をはじめ住民一体の運動が効を奏したものである。

　延岡、日之影間の工事は順調に進み、昭和10年2月には岡元まで17.2粁が開通。昭和12年9月には槇峰まで29粁が開通。昭和14年12月、7年余の歳月を費して日之影まで37.6粁が開通したのである。

　その間、日之影までの速成完成又高森までの起工速成等につき、宮崎県側関係町村、熊本県側関係町村一体となって強力な陳情運動を展開したのであったが、目的達成はなかなかに困難であった。

　日之影まで開通後は、更に高森までの起工方について強力に陳情を展開したのであるが、ときたま日支事変に突入、引続き大東亜戦争へと発達、鉄道建設も挫折の止むなきに至ったのである。

（中略）

　終戦後は、昭和22年いち早く、日之影～高森間鉄道敷設期成同盟会を宮崎県、熊本県の関係市町村で結成、日之影、高森間の鉄道の貫通につき、陳情請願活動を再開したのである。かくして昭和36年5月12日、調査係に編入され、漸く陳情の成果の第1歩を踏み出すことができたのである。

（中略）

　又、この頃より日之影、高森間の建設線を通称高千穂線と呼ぶこととされた為、期成同盟会の名称も高千穂線鉄道建設期成同盟会と変更、更に強力に陳情活動を続けた結果、昭和39年6月25日、昭和39年度調査費として3000万円が決定された。

　昭和39年10月31日には、高千穂線鉄道着工祝賀会を開催、運輸省大久保政務次官、篠原日本鉄道建設公団副総裁、川野衆議院運輸委員長など要人を迎え、盛大に行なわれた。

　昭和40年12月25日、中村運輸大臣より日之影、高千穂間12.5粁の建設を許可され、ここにようやくにして高千穂線の建設が軌道にのったのである。

　昭和41年2月7日起工式が、運輸大臣代理、衆議院運輸委員長、参議院運輸委員長代理、国鉄総裁代理、地元国会議員、知事等、多数の来賓を迎え、日本鉄道建設公団主催で日之影駅構内で行なわれ、総裁及び梅木下関支社長が、感謝のくわ入れを行ない、引き続き高千穂高校で祝賀会（期成同盟会主催）を開催盛大をきわめたのである。

　その後、工事は順調に進んだとはいうもののモータリゼーションの急速な発展に伴う社会の変動、国鉄の赤字問題等により新線建設についての予算獲得は、容易ならざるものであった。たまたま昭和42年より昭和46年に亘り、黒木宮崎県知事が鉄道新線建設全国協議会の会長となられ、その活躍はめざましいものがあり、高千穂線の建設予算についても誠に大きな力を発揮して頂いたのである。地元住民の悲願も70有余年にして、ようやくそのなかばを達成されようとしている。高千穂までの営業開始は間近（昭和47年4月20日開通見込）である。しかし。高千穂線は高森に通し、延岡、熊本間が貫通してこそ、その真価を発揮できるものがあるが、住民一丸となってこれが達成に邁進しなければならない。

# 糸田町史

　国鉄の昭和56年度決算は惨たんたるものであったが、経営改善のかなめとして赤字ローカル線の廃止を打ち出した。国鉄再建法施行令で第1次でその廃止線の基準として次のように示している。

　A　旅客営業キロが30キロ以下で旅客輸送密度（1日1キロ当たりの利用者数）が2000人未満の行どまりの線。

　B　旅客営業キロが50キロ以下で旅客輸送密度500人未満（両端が他線とつながる線を含む）。

　等が対象で、国鉄は既に40線の廃止を申請、地元との協議が整わなくても58年3月末までに「見切り廃止」できる。第2次は60年度を目標に全国で38線がリストアップされている。

　第1次廃止対象ローカル線の線区数を県別に見ると、北海道8、青森2、岩手3、秋田2、宮城1、福島1、新潟2、千葉1、静岡1、岐阜2、岐阜・富山1、兵庫3、鳥取2、徳島1、福岡5、福岡・佐賀1、熊本1、熊本・大分1、宮崎1、滋賀1となっている。福岡県関係は香月線、室木線、勝田線、添田線、矢部線、甘木線となって、第1次には糸田線は入っていないが第2次の方に入っている。

　次に国鉄九州43線区の決算をみると、年間赤字はついに2000億円を突破、列車を1日走らせるごとに赤字は5億9200万円ずつ増え続け、前年度に比べ1日の赤字幅は5000万円も増えたと、国鉄九州総局は56年度線別経営成績をまとめたが、全く気の遠くなるような数字で、「かせぎ頭」のはずだった鹿児島本線もかげりを見せはじめて、営業係数の順位ではトップの座から3位に転落している。

　43線区のレール総延長は2827キロで、うち鹿児島、日豊、長崎本線など幹線系7線区が1204キロと43％で、残り36線区の地方交通線が1623キロの57％を占めている。その輸送量は幹線系が圧倒的に多く地方交通線の5倍強で、収入も幹線系が1065億円と86％を占めているのに対し、地方交通線は172億円と14％に過ぎない。経費は幹線系が2440億円と全体の72％に抑えているのに、地方交通線は958億円と28％にも上っている。

　全国243線区のうち黒字は7線のみで、残りの236線区は赤字であるという。鹿児島本線もベスト33位には入っているもののもちろん赤字である。55年度の営業成績（営業収入100円をあげるに要する経費を営業係数といい、この係数の高低で成績を示す）の全国ワースト10で添田線が1位（営業係数3164）、4位漆生線（同2624）、7位室木線（同2505）、8位上山田線（同1947）、10位宮田線（同1766）と九州の5線が北海道の5線と並んで入っている。しかし56年度では5位に漆生線（同2651）、6位に前回トップの添田線（同2636）7位に室木線（同2540）と3線区が入っただけ。これは北海道の4線区が台風と豪雨で長時間ストップ、収入減でワースト10の上位を占めたためで、経営努力による好転とはいえず九州全線区の赤字体質は改まっていない。

　56年度の国鉄九州のワースト10を次に示す（数字は営業係数を示す）。

　1位漆生線(2651)、2位添田線(2636)、3位室木線(2540)、4位宮田線(2024)、5位上山田線(1982)、6位宮原線(1728)、7位香月線(1542)、8位宮之城線(1426)、9位糸田線(1385)、10位勝田線(1286)

　右のごとく糸田線（金田－後藤寺間6.9キロ）は九州ワースト9位であったが、57年11月23日の新聞で第2次廃止対象路線から外されたことを知り、住民は安堵の表情を見せている。廃止対象路線から除外される決め手になったのは、糸田駅周辺でこのところ目立って増えてきた住宅団地で、国鉄再建法施行令で決められた廃止選定基準によると、「当該線の中間駅から2キロ以内に60年度までに50戸以上の集団住宅、学校、工業団地などができれば、見込まれる旅客増を今の輸送密度に加算してよい」となっており、これが糸田線を救った。現在糸田駅を中心に2キロ以内の田川市、糸田町内の8か所で公営・民間住宅開発が進められ、60年度末までに1130戸、4504人の人口増となり、これを国鉄の試算基準にあてはめると、60年度末までに国鉄の1日の利用者は767人増え、現在の1488人と合わせて2255人となり廃止基準の2000人未満を突破するという。

　糸田町は飯塚市や田川市にも近く、北九州に勤務する人も多く、近隣市町村のベッドタウン化を進めているため、基準より僅かに超えて一応は廃止路線から消えたものの、59年度になり、国鉄の赤字はますます膨大になり、ついに再び糸田線・伊田線などの赤字線廃止の対象になった。

# 大隅鉄道時代（鹿屋市史）

　明治32年(1899)に起工した肥薩線が、日露戦争による工事延期や幾多の難工事等の悪条件を克服し、10年3ヵ月の歳月と工費1,582万円を投じて遂に完成した。これにより門司、鹿児島間の全線が開通したのである。明治42年(1909)11月21日であった。

　これに刺激され、かつは戦後の事業勃興の機運と相まって、陸の孤島大隅にも、鉄道建設の世論が起ったのは当然である。それを背景に、古江港を起点として鹿屋町に至る路線の認可申請が明治44年2月鉄道省へ提出され、同年10月に認可を受け、翌明治45年(1912) 5月1日、資本金の3倍にも達する株式の申込みがあって、大隅鉄道株式会社が設立されたのである。

（中略）

## 国鉄時代へ

　乗客、貨物の輸送状況も創立開業の翌大正5年(1916)にそれぞれ約40万人、貨物6万トンであったが、串良古江間が開通した翌大正13年の実績は、222万人、貨物20万トンとなり人員において約5倍、貨物トン数において3倍強と増加している。昭和初年までこの状態はほぼ維持されたのであるが、大正末期から昭和初期にかけての空前の不景気や緊縮財政の中で、多くの中小企業と同じく経営不振におちいったので国鉄移管運動によって事態の解決をはかった。その結果昭和10年6月1日省線に編入されるに至った。

　同年10月28日には串良より志布志への延長も実現し、同じ年に加治木、山川線とともに隼人・古江間の省営自動車線も新設されここに従来、1会社の弧線として大隅の地に孤立していた鉄道が、省線として志布志線、日豊本線と連結し一貫輸送の体系樹立をめざすこととなった。

　こうして、私鉄の軽便鉄道から国鉄の普通軌道への改造工事も着々とすすみ昭和13年完成した。

　マッチ箱とよばれ、坂道でしばしば立往生したり、汽車通学の中学生たちが、わざわざ降りて小用を足してから歩いていっても充分に追いつけたという軽便時代のエピソードは昔の語り草となり、かわりに黒山のような国鉄の機関車が、地区民の驚嘆と期待を担って華やかに登場したものである。陸の孤島大隅半島も一応、国鉄の線路網一環としてくみ入れられることにはなったが、古江・隼人間はバス路線であり、乗り換えなどの不便があるばかりでなく、発着回数も少なく実質的な鉄道路線一貫性には程遠いものがあった。このような情況から古江・隼人間の鉄道建設は大隅半島の人々の切実な願いであったが、第2次世界大戦後になって、大根占町出身の前田郁代議士等によって強く推し進められ、ようやく実現することとなった。

　かくして、国鉄国分線の新設工事は、総事業費31億2,287万円の見通しで着工のはこびとなり昭和28年9月着工決定の盛大な祝賀会が開催され、ついで昭和31年度分工事費3,722万円が決定、昭和32年2月13日起工式、昭和35年度までに10億6,712万円を投じて、先ず古江・海潟間が完成し、昭和36年4月13日開通式を行ない、待望の営業が開始されたのである。

　しかしながら、その後、早くも昭和40年代にいるころ、社会情勢の変化、なかんずく急激な人口流出とそれによる農山漁村地区の過疎現象、産業構造の変化に伴ない米麦農業、木炭業、澱粉水飴工業等の不振は相互循環的に人口流出と産業不振を招いて旅客、貨物の減少がめだってきた。

　これらの事実は、独立採算制に立つ国鉄の経営を脅すものとして、古江線は全国80路線の赤字路線の1つに挙げられ、一方では建設途上にありながら、廃止の方針をうちだされるという皮肉な運命に見舞われることになった。地元では、これを地域住民の福祉を無視する一方的措置として強い不満を表明し、その存続を主張して関係市町村連合の反対運動を推進しようとしている。

　その後、国鉄は、一律廃止でなく、いくつかの等級的区分を設定し、国鉄、国、地方公共団体の3者分担案等を盛りこんだ段階的な構想をうちだしているが、問題の解決にはなお多くの難関が横たわっている。その勢いの赴くところ未だ余断を許さないが、鉄道創設以来半世紀になんなんとし大隅の交通発展の上で、重大な転換期に当面していることは疑いない事実であろう。

# 国鉄志布志線の廃止（大隅町史）

　国鉄志布志線は、大正12年1月に西都城～末吉間がまず開業し、同14年3月、全線が開通した。

　爾来、住民の足として、また物資流通の要としての役目を果たしてきたが、道路の新設、改良や、自家用車の普及などの理由で、利用者減に伴う収支悪化により、これを合理化するため、運輸大臣は昭和59年6月、県内では宮之城、大隅、山野3線とともに志布志線を第2次廃止対象路線として承認。志布志線特定地方交通線対策協議会は62年2月6日、6回目の会合で廃止、バス転換することを決めた。

　国鉄志布志線（西都城～志布志、38.6km）が昭和62年3月27日を最後に廃止され、64年の歴史の幕を閉じた。県内の国鉄線廃止は宮之城線、大隅線に次いで3番目。これで日南線の一部を除いて大隅半島から鉄路が消えた。同日は志布志町の志布志駅で鹿児島鉄道管理局主催のさよなら記念式があったほか、沿線6駅でも別れを惜しむ行事があった。

　志布志駅での記念式は午後零時10分から始まり、沿線市町の代表、住民ら約200人が出席した。まず井上和幸鹿鉄管理局次長が「大隅半島の基幹の鉄道として地域発展に貢献したが、なくなるのは哀惜の念に耐えない。長い間ご利用いただいた皆さんに厚くお礼を申し上げたい」とあいさつ。今吉弘県副知事は「戦中、戦後を通して思い出の尽きない線だと思うが、今後は沿線地域の新たな発展に向け行政として力を尽くしたい」と述べた。

　沿線1市5町を代表して黒木隆之志布志町長は「最後まで志布志線を守る努力を続けたが、いよいよ廃止になり、胸の痛む思いだ。国鉄再建の道とはいえ、大きな財産を失うことになる」と強調、「今後はバスでの地域の足の確保に最大限の努力をしたい」と述べた。

　次いで井上次長が沿線1市5町に記念品を贈呈、駅構内の清掃などに協力した3団体と個人2名に、感謝状と記念品を贈った。また、28日から代替バスを走らせる鹿児島交通に、志布志線を走っていた気動車のハンドルを引き渡し、任務をバトンタッチした。

　このあと、ホームに移って指定した「さよなら列車」の発車式があり、志布志幼稚園児らが車掌らに花束を贈呈打上げ花火が鳴り響いたあと、黒木志布志町長が右手を上げて発車合図をした。松山中ブラスバンド部の「蛍の光」の演奏が流れるなか、西都城行きの列車は静かに発車した。岩川駅では、午後1時23分発都城行きの臨時列車を、大隅町自慢の弥五郎太鼓で見送った。その傍らでは昭和34年4月10日、皇太子殿下御成婚記念樹として桜の苗木を寄贈、その後も植え続け、同駅構内を桜の名所に育て上げた岩川の中馬浅蔵（当時73歳）が目を真っ赤にうるませていた。

### 安田就視（やすだ なるみ）

1931（昭和6）年2月、香川県生まれ、写真家。日本画家の父につき、日本画や漫画を習う。高松市で漆器の蒔絵を描き、彫刻を習う。その後、カメラマンになり大自然の風景に魅せられ、北海道から九州まで全国各地の旅を続ける。蒸気機関車をはじめとする消えゆく昭和の鉄道風景をオールカラーで撮影。

### 【写真解説】
### 牧野和人（まきの かずと）

1962（昭和37）年、三重県生まれ。写真家。京都工芸繊維大学卒。幼少期より鉄道の撮影に親しむ。平成13年より生業として写真撮影、執筆業に取り組み、撮影会講師等を務める。企業広告、カレンダー、時刻表、旅行誌、趣味誌等に作品を多数発表。臨場感溢れる絵づくりをもっとうに四季の移ろいを求めて全国各地へ出向いている。

### 【写真提供】

荻原二郎、荻原俊夫、小川峯生、小斉平信二、帆足昌平、香月喜介、宇都宮照信、朝日新聞社
宮若市、筑後市、八女市、水俣市、伊佐市、都城市、志布志市教育委員会、西都市、鹿屋市、垂水市、霧島市教育委員会、川崎町、大任町、添田町、遠賀町、鞍手町歴史民俗博物館、小国町、日之影町、高千穂町、さつま町、東串良町、志免町教育委員会、芦屋町歴史民俗資料館

---

## 九州の鉄道
### 国鉄・JR編【廃止路線】

発行日……………………2019年11月5日 第1刷　　※定価はカバーに表示してあります。

著者………………………安田就視、牧野和人
発行者……………………春日俊一
発行所……………………株式会社アルファベータブックス
　　　　　　　　　　　〒102-0072　東京都千代田区飯田橋2-14-5 定谷ビル
　　　　　　　　　　　TEL.03-3239-1850　FAX.03-3239-1851
　　　　　　　　　　　http://ab-books.hondana.jp/

編集協力…………………株式会社フォト・パブリッシング
デザイン・DTP …………柏倉栄治
印刷・製本………………モリモト印刷株式会社

ISBN978-4-86598-854-3 C0026
なお、無断でのコピー・スキャン・デジタル化等の複製は著作権法上での例外を除き、著作権法違反となります。